비트코인
이기는 투자를 하자

비트코인 이기는 투자를 하자

초판 1쇄 발행 2021년 11월 04일

지은이 리샤오라이
옮긴이 류한석

펴낸이 박인수
펴낸곳 단디
출판등록 2016년 3월 21일 제406-2016-000041호
주소 경기 파주시 탄현면 사슴벌레로45
전화 031-941-2480 팩스 031-905-9787
이메일 dandibook@hanmail.net
홈페이지 dandibook.com

ISBN 979-11-89366-14-8 73700

비트코인
이기는 투자를 하자

리샤오라이 지음 | 류한석 옮김

단디

많은 사람들은 투자를 하면서 가장 기본적인 원칙을 잊곤 한다. 이 책은 마치 비망록과 같아서 독자로 하여금 냉정하고 객관적인 마음으로 시장에 임할 수 있도록 일깨워 준다. 리샤오라이 선생은 이 책을 통해 빅원 회원을 포함한 중국의 수없이 많은 투자자에게 큰 영향을 끼쳤다. 책을 덮으면 한층 생각이 깊어진 것을 느낄 수 있으리라.

빅원 CEO
티엔용빈

내가 바로 "흑우"였다. 2008년 금융 위기 당시 주식으로 내 재산뿐만 아니라 주변 사람들의 돈까지 날려버린 "흑우 중의 흑우"였다. 먼 나라의 리먼 브라더스 파산은 나의 모든 자산을 송두리째 뺏어가 버렸고, 나의 인생을 비참하게 짓밟았다. 모든 자산을 팔아서 가까운 사람들의 손실을 메꾸어 주었지만, 나는 30대 초반에 수억의 빚쟁이가 되어 버렸다. 나는 빚을 갚기 위하여 하루도 쉬지 않고 10년 동안 일만 하고 살았다.

처음에는 이자 갚기도 힘겨웠지만, 지출을 줄이고 주말에도 쉬지 않고 일만 하다 보니 어느새 빚은 조금씩 줄어들고 있었다. 모든 빚을 정리하고, 서울 모퉁이에 집 한 채를 마련하게 되었던 2017년 어느 여름날 비트코인을 만나게 되었다. 그리고 나의 인생은 또 다시 송두리째 바뀌었다.

이번에는 지기 싫었다. 이번에는 꼭 이기고 싶었다. 난 내가 투자한 모든 것에 대해 속속들이 알고 싶었고, 절대 나의 운명을 운에 맡기고 싶지 않았다. 내 인생의 나머지는 멋진 투자자로 남고 싶다. 더 이상 흑우라고 불리고 싶지 않다.

그래서 바꿨다. 바로 '공부'하기 시작한 것이다. 나는 이 공부를 2017년 이후 3년째 계속하고 있다. 유튜브 채널 "백서 읽어주는 남자"를 운영하는 이유도 스스로 투자에 대한 학습을 계속하고 나의 배움을 나누기 위함이다.

공부하지 않고 투자를 하는 것은 본인의 자산을 운에 맡기는 것과도 같다. 공부하지 않으면 기회가 왔는데도, 기회를 알아보지 못하는 바보가 될 수도 있다. 운이 좋아서 어쩌다 한 번 투자에 성공한 것 역시 오래가지 못한다. 자산을 지킬 능력이 없기 때문이다. 투자자는 공부해야만 한다.

공부는 어렵지 않다. 무엇이든 일단 읽기 시작하면 된다. 읽어도 이해가 가지 않으면 다시 읽으면 된다. 몇 번을 읽다보면 궁금증이 생길 것이다. 그 궁금증을 하나씩 해결해 나가는 과정이 바로 이 책에서 리샤오라이가 강조하는 공부이다.

이 책은 매우 짧고 읽기가 쉽다. 전통적인 주식이나 비트코인 등의 새로운 자산군을 관통하는 투자 업계의 오랜 기본과 정석을 리샤오라이 특유의 '뼈 때리는' 간결한 필치로 읽기 쉽게 잘 녹여냈다. 이 책이 투자에 대한 '공부'를 시작하려는 사람에게 더없이 좋은 입문서가 될 수 있는 이유다.

이 시장에 일찍 들어온 사람들이 이 책을 읽으면 고개를 끄덕일 것이고, 또 누군가는 후에 이 책을 읽고 왜 진작 이 책을 접하지 못했나 하는 아쉬움에 가슴을 움켜쥘지도 모르겠다. 당신이 이 책을 초보 투자자로서 시장에 들어오기 전에 먼저 읽게 되었다면 당신은 행운아다. 이 책을 통하여 투자 학습에 대한 열정이 깨어나길 바란다. 이해가 가지 않으면 다시 한 번 읽으면서, 궁금증들을 만들어 내고 학습을 계속해 결국에는 성공한 투자자가 되길 빈다.

2020년 5월

백서 읽어 주는 남자 **킬리만**

이 책의 제목을 『흑우의 자기 수양』이라고 한 것은 사실 부득이한 일이었다. 나는 애초에 "흑우"와 같은 단어를 사용하지 않는다. 그렇다면 책의 제목이 이렇게 된 연유는 무엇인가?

얼마 전 내가 다른 사람들과 나눈 사담이 비밀리에 녹음되어 유출된 일이 있었다. 유출된 녹음 파일 가운데 나와 대화하던 사람이 "흑우"라는 단어를 언급하는 대목이 자주 포함되어 있었다. 그러나 나는 "흑우"라는 단어를 입에 올린 적이 없을 뿐더러, "흑우를 털어먹는다"라는 표현을 쓴 적은 더더구나 없었다.

―――――

역자 주 이 책의 중국어 원제는 『부추의 자기 수양』(韭菜的自我修养)이다. 중국에서의 "부추"는 한국의 주식 및 암호화폐 거래 시장에서 쓰는 속된 표현으로 "호구", "흑우" 또는 "개미"에 가까운 표현이다. 한국에서 "세력이 개미를 턴다"라고 했을 때, 중국에서는 "고래가 부추를 벤다"라고 표현하곤 한다. 부추는 베어 내도 금세 다시 자라나 또 베어지는 속성이 있다. 한 번의 교훈에서 배우지 못하고, 같은 실수를 반복하기 때문이다. 우리 시장에서 흔히 말하는 호구 또는 흑우와도 같다. 이 책에서는 본문에 쓰인 모든 "부추"라는 표현을 국내 실정에 가장 근접한 "흑우", "호구", "개미"라는 표현으로 문맥에 따라 고쳐 쓰고, 제목은 "흑우의 자기 수양"으로 했다.

하지만 인터넷에서 미친 듯 퍼져 나간 대다수 글은 자극적인 제목을 뽑았고, 결과적으로 리샤오라이가 '흑우들을 털어먹은 것'이 되어버렸다. 이는 아마 그런 글을 쓴 이들의 대부분이 녹음을 한 번도 끝까지 듣지 않았기 때문일 것이다. 혹은 온라인에 떠도는 정체 모를 텍스트 녹취록에만 의지해 내용을 곡해했거나, 다른 사람이 한 말을 내게 뒤집어씌운 것일 수도 있다. 이런 글들에 의해 리샤오라이는 '공공의 적'이 되었고, 뿐만 아니라 소위 '리샤오라이가 해왔던 모든 일'은 외부인들이 오랜 기간 가지고 있었던 블록체인의 어두운 면에 대한 의혹을 입증한 것이 되어버렸다. 하지만 이는 모두 진실이 아니다. 그렇다면 진실은 무엇인가?

진실은, 리샤오라이는 애초에 "흑우"와 같은 단어는 쓰지 않는다는 것이다. 지난 18년간 나의 글을 읽어온 사람들, 강연을 들은 사람들, 책과 칼럼을 구매한 독자들은 모두 내가 가진 습관에 대해 알고 있다:

나(리샤오라이)는 늘 끊임없이 나의 개념을 명료하게 정리한다.

나는 '존재할 필요가 없는 개념'이라고 여겨지는 것은 절대 사용하지 않는다. "흑우"가 바로 그런 개념이다. "흑우"란 무엇인가? 설마 돈을 번 사람은 모두 '세력'이고, 돈을 잃은 사람은 모두 흑우인 것인가? 만일 그런 뜻이라면, 이 개념은 너무 난잡한 것이다. 그렇다면 시장에 새로 진입한 초보가 "흑우"인 걸까? 시장에 처음 진입한 초보는 돈을 벌 확률이 높지 않다. 하지만 그렇다 한들, 하나의 집단을 지칭함에 있어 두 가지 개념을 사용하는 것에 재미 이상으로 어떤 의미가 있는 걸까? 그렇다면 "흑우"의 정의는 도대체 무엇인가?

나는 한 개념의 정의가 무엇인지 정확하게 알기 전에는, 그것을 머릿속에 넣어 두지 않는다. 그 개념을 사용하는 것은 두말할 것도 없다. 따라서 폭로된 50여 분의 녹취록에 나는 "흑우"라는 단어를 단 한 번도 입에 올린 적이 없으며, "흑우를 털어먹는다"라는 따위의 표현은 쓴 적이 없다.

아무리 생각해 보아도, 인터넷이 리샤오라이 개인에 대해 어떤 악의를 품고 있을 리는 없다. 인터넷이 고의로 진위여부 검증 없이 나중에 손을 쓰기도 어려운 방식으로 기록을 남겼을 리는 없다. 인터넷이란 원래 그런 것일 뿐이다. 공평무사하고 무심하다. 인터넷의 이런 속성은 우리의 현재 관심사인 '블록체인'이나, 내가 일생 동안 파고들어 연구하고 싶은 '시간'이라는 개념과도 공유하는 속성이다.

내가 할 수 있는 일은 무엇인가? 생각건대, 이런 얇은 책 한 권을 써서 내가 알고 있는 지식과 진실을 드러내는 것이다. 한 발 더 나아가, "흑우"와 같은 악의적인 제목을 사용하여 역설적으로 좀 더 가치 있는 생각, 좀 더 가치 있는 관찰, 좀 더 가치 있는 진상을 널리 퍼뜨리는 것이다.

이러한 내용을 반길 독자에게 한 가지 부탁이 있다:

만일 이 책자에 담긴 나의 생각이 독자들께 조금이라도 도움이 된다고 느꼈다면, 이를 널리 공유하고 전파해 주시기 바란다.

혼자 보고 혼자 공유하는 것을 너머 사방팔방에 널리 퍼뜨려 주시길!

『흑우의 자기 수양』이라는 제목도 꼭 사용해 주시길!

사실 책 제목으로 생각해 두었던 후보군으로 다음과 같은 것이 있었다.

"흑우가 털려먹히지 않는 법"

"부추와 낫"

"어린 부추는 어떻게 성장하나"

"신생 부추 필독 수첩"

"흑우도 부처가 될 수 있다"

……

더불어 본문에서 "멍청이"와 같은 단어를 쓰는 것도 삼가지 않았음을 말씀드린다. 그럼 미리 양해 말씀을 전한다.

| 경고 |

만일 여러분이 '한 글자도 빠짐없이 본문 전체를 온전히 읽을 수 있는 능력'이 없다면, 이 책을 읽는 것을 그만두기를 권한다. 보기에 굉장히 간단명료한 내용이지만, 습관적으로 글의 큰 줄기를 소홀히 여기는 독자, 내용의 일부를 취사선택하여 엉뚱하게 조작하는 독자는 내용을 곡해하기 쉽기 때문이다.

리샤오라이

---- **1장** ----

"흑우"란 도대체 누구인가?

· · ·

당신은 정말 흑우입니까? 대답하기 쉽지 않은 말이다. 왜냐하면 "흑우"의 정확한 정의가 무엇인지에 대해 명료하게 말할 수 있는 사람이 얼마 없는 까닭이다. 하지만 사람들이 늘 속어로 쓰는 용례로 미루어 추측해 보면 "흑우"란 시장에서 힘이 없고 박약한 개인 투자자임을 알 수 있다. 예를 들면 "저는 개미입니다"라거나, "저 사람들 모두 개미야" 등이 그런 표현이다. 반대편에는 "세력"들이 있다. 시장에 막대한 영향력을 가진 이들을 지칭하는 말이다.

시장에서는 늘 누군가는 돈을 벌고 누군가는 돈을 잃는다. 하지만 일반적으로, 사람들의 뇌리에는 "흑우"는 대체로 손해를 보는 자들인 반면, "세력"은 사람들이 잘 모르는 "흑우를 털어먹는 방법"을 알고 있기에 돈을 버는 자들이라는 인상이 존재한다.

단어 사이에는 함께 쓰이기 좋은 표현의 조합이라는 것이 있다. 그런 조합은 생활 속에서 늘 함께 쓰이기에 모든 이에게 쉽게 이해된다. 예를 들어 "호인" 앞에는 "강단 있는" 또는 "너그러운"이라는 말을 붙이면 누구나 쉽게 이해할 수 있다. 하지만 세상에 존재하지 않는다고 믿기에 거의 쓰이지 않는 조합도 있다. 예를 들면, "나쁜 놈" 앞에 "착한"이라는 형용사를 붙이는 경우는 거의 없는 것이다.

"흑우"라는 단어와 조합할 수 있는 표현은 크게 "털다" 또는 "털리다"이다. 여기에서 "털다"라는 행위는 이론적으로 "흑우"의 상대측인 소위 (알 수 없는) "세력"을 그 행위의 주체로 삼는다. 반대로 "흑우"는 "털린"다. 아마도 여러분은 흑우가 세력을 털어먹었다는 말은 들어보지 못했을 것이다. 만일 누군가가 실제로 그렇게 말한다면, 틀림없이 허풍일 것이다.

시간이 지남에 따라 어떤 이는 "파릇한 흑우"에서 "늙은 흑우"가 된다. 한결같이 돈을 못 벌고 한결같이 "털린다". 한편 또 다른 한 부류의 사람들은 "파릇한 흑우"로 시작하지만, 이내 흑우 신세를 면하기도 한다. 이들은 "저도 그저 한 명의 늙은 흑우일 뿐입니다"라고 말하곤 하지만, 사실 이는 말장난이거나 짐짓 겸손을 떠는 말일 뿐이다. 왜 그럴까? 사람들의 심리상으로는 비록 "세력"은 못되더라도, 일단 돈을 어느 정도 벌기만 하면 더 이상 진정한 "흑우"는 아니기 때문이다.

그리하여 우리는 사람들이 일상에서 쓰는 말의 용례를 기초삼아 그 정의를 도출해 볼 수 있다:

소위 "흑우"란, 거래 시장에서 돈을 못 벌거나 손해를 보는 힘없는 개인 투자자를 일컫는다.

이렇게 보면 "흑우"가 ("고래"나 "세력"까지 되지는 못해도), "흑우 신세"를 면하기 위해 해야 할 일은 간단하다:

돈을 버는 것이다….

일단 돈만 벌면, 당신은 짐짓 겸손한 체하며 다음과 같이 말할 수 있다:

… 사실 저도 늙은 흑우에 불과합니다!

이렇게 말함으로써 당신은 선량하고, 자상하고, 남의 감정을 배려하는 사람이 될 수 있다. 아직 돈을 벌지 못한 사람들이 당신처럼 돈을 번 사람을 만났을 때, 당신이 그런 '위선'을 발휘하지 않는다면 그들은 더더욱 '멘붕'에 빠질 것이다.

한편으로, 당신은 (친절하고 배려심 많은 것을 뛰어넘어) 선량하고 자상할 뿐만 아니라, 스스로를 보호하는 데 능한 사람이 될 수도 있다. 이러한 '위선' 없다면 많은 사람이 당신을 미워하거나 심지어는 당신을 죽이려 들 수도 있다. 마치 내가 오랫동안 겪어온 것처럼.

"흑우"라는 말의 정의가 아주 만족스럽게 정확하지는 않지만, 일단 그런 대로 한동안 사용하기로 하자.

더불어, 소위 "흑우"의 일반적인 특징도 하나 보충하기로 하자.

그들은 기본적인 읽기 능력이 심각하게 부족하다. 그들은 평생 동안 물건을 사면서 제품 설명서를 읽지 않는 사람들이고, 무엇을 얻든 다른 사람들에게 어떻게 쓰는지 물어보는 그런 사람들이다… 정말 흔하지 않은가?

2장

흑우의 숙명이 시작되는 순간

· · ·

"흑우"가 "흑우"인 것은 대개 같은 원인에서 비롯된다:

그들은 시장에 진입하자마자 "사자, 사자"를 반복한다.

2011년 3월 내가 트위터에서 비트코인이라는 단어를 처음 발견했을 때, 나에게 비트코인은 매일 같이 놀라움의 연속이었다. 비트코인이 신문 헤드라인을 장식하는 것을 처음 봤을 때, 그 기사에서는 비트코인이 지난 2월에 고작 1달러에 지나지 않았다고 했다! 며칠 지나지 않아 가격은 1.5 달러가 되었다. 내가 계정을 준비하고 본격적으로 액션을 취할 준비를 하던 4월에는 이미 4달러를 넘긴 상태였다. 나는 "사자, 사자"를 외치며 미친 듯이 비트코인을 사들였고, 2100개를 모았을 쯤에는, 평단가가 6달러쯤 되어 있었다. 가격은 계속 올랐다. 6월 초가 되자 32달러를 찍었다. 비트코인이 내 수중에 있었던, 딱 한 달 반 정도 되는 기간에 거둔 수익이 5배를 넘었다.

그렇다. 이처럼 나는 사람들이 흔히들 말하는 "흑우"가 되었다. 왜? 나를 포함하여 그처럼 꼭대기에서 진입한 흑우들이 손실을 만회할 수 있었던 것은 그로부터 20여 개월이 지난 후였다. 그 20개월이란 시간 동안 비트코인의 가격은 1달러 이하로까지 주저앉았고, 최고가에 시장에 진입한 "흑우"들에게 있어서 이는 97퍼센트 이상의 손실을 의미하는 것이었다.

그렇다. 나는 (한 명의) 개인 투자자였고, 시장에 들어서서는 계속 "사자, 사자"를 외쳤다. 그리하여 자산 가격이 고꾸라진 바 있으니 나는 흑우가 맞다.

시장에는 사람의 부아를 돋우는 법칙이 여럿 있다. 예를 들면:

현찰이 필요할 때면 꼭 가격이 급락한다!

논리적이지 않은 말이기에 믿지 않아도 되지만, 이 법칙의 마력은 반드시 한 번쯤 경험해보게 될 것이다.

모든 초보 투자자에게 영원히 변하지 않는 법칙은 다음과 같다:

당신이 사기만 하면, 가격이 반드시 떨어진다.
당신이 팔기만 하면, 가격이 반드시 올라간다.

기막힐 노릇이다. 이런 기이한 현상이 생기는 이유는 무엇일까?
매 시세 흐름 사이클이 끝을 맞는 가장 근본적인 이유는 "신규 유
입 자본의 고갈"이다. 바꿔 말해, 길거리 노점에서 호떡을 파는 아
주머니가 주식 이야기를 하고 있다면, 주식 시장의 신규 진입 자본
의 씨가 마르고 있다는 뜻이 된다. 생각해 보라. '아무런 관련도 없
는 사람인 당신마저도 이미 알고 있고, 돈을 벌자고 뛰어든다면',
시장은 이미 끝물에 다다랐다고 봐야 하지 않겠는가?

그리하여 2013년 5월, 나와 같은 문외한이 뉴스를 통해 비트코
인을 접하고 꾸준히 매입하기 시작했을 때, 시세는 이미 끝나 있
었다. 때는! 이미! 늦었던! 것이다! 한 달도 채 되지 않아 비트코인
은 길고 긴 하락장에 들어섰다.

그리하여 초보 투자자들이 새겨들어야 할 두 가지 내용을 전달
하고자 한다. 첫 번째는 시간이 지나도 변치 않는 법칙에 대한 것
이다. 두 번째 것은 권고인데, 고수들이 초보였을 때 누가 가르쳐
주기를 기대했던 조언들이다.

- 첫 번째, 만일 당신마저 시장에 진입했다면 상승장은 곧 끝날 것이다.
- 일단 관찰하되, 사지는 말아야 한다. 하락장이 오고 사람들이 서로에게 손가락질을 시작할 때가 바로 사야 할 때다.

사실 시작하자마자 실수를 저지르는 것은 드문 일이 아니다. 오히려 아주 흔한 일이다. 생각해 보시라. 〈인생이란 게 별 거 없다네〉 중국의 최건이라는 가수도 이를 풍자해서 노래한 바 있다.

"(어쩌다가 기회가 왔을 뿐, 아무런 목적도 없이) 애당초 한 여자가 우리를 낳은 것처럼, 우리 동의도 없이…"

우리 인생은 황당한 것으로 가득 차 있다. 그래서 자신의 인생이 황당한 세상 속에서 펼쳐지고 있다는 사실을 분명하게 인식하는 것은, 자신의 건강한 성장에 크나큰 도움이 된다.

3장

소를 잃었으면,
외양간을 고치는 흑우라야 미래가 있다

• • •

당신도 아마 나와 비슷할 것이다. 막 시장에 들어왔는데, 앞서 언급한 두 가지 충고 따위는 아무도 알려 주지 않았을 것이다. 그리하여 내가 그랬던 것처럼, 시장에 들어와 짜릿한 흥분이 채 가시기도 전에 돌이키기 어려운 상황에 빠진 자신을 곧 발견할 것이다.

거래란 본래 인류 사회의 가장 중요한 본질 가운데 하나이자 보편 행위이다. 안타깝게도 왜 그런지 알 수 없지만, 전 세계 교육 과정 어느 고등 교육에도 투자에 대한 내용이 포함되어 있지 않다. 그러다보니 세대를 거듭하여 "소 잃고 외양간 고치는" 현상이 반복해서 발생한다.

슬픈 것은, 대부분의 "흑우"들에게는 소만 한 마리 있었지, 애초에 외양간 같은 것은 없었다는 것이다. 그래서 소가 죽으면 그것으로 끝일 뿐, 외양간을 고치는 일과 같은 호사로운 기회는 그들에게 그림의 떡일 뿐이다.

그리하여 당신도 나처럼 시장에 들어가자마자 큰 실수를 저질렀을 것이다. 상승장이 금방 끝날 거라는 사실도 모른 채 흥분하여 사고, 사고 또 샀을 것이다. 가격 상승이 상승장 특유의 광기에 의한 것임을 의식하지도 못한 채 말이다. 당신은 눈앞에서 가격이 오르니 당신의 아이큐마저 오르는 것 같은 착각이 들었을 것이다. 그리고 그 순간이 지나자 매도 타이밍을 놓친 채 물리고 말았을 것이다. 이를 어쩐다?

주위를 둘러보면 금방 알 수 있다. 시장에 들어가자마자 또 사는 것보다 무서운 실수가 있으니, 그것은 바로:

들어가자마자 돈을 다 써 버리는 것이다!

물론 더 심각한 실수도 있다. 시장에 들어가자마자 '빌린 돈까지 다 써 버리는 것'이다. 사람이란, 가난하면 가난할수록 돈을 벌고 싶은 욕망도 큰 법이다. 그런 사람은 눈이 멀어 이판사판으로 위험을 무릅쓴다. 많은 초보들이 이런 식으로 스스로 판 함정에 빠져들고, 스스로의 명줄을 옭아맨다. 그들은 그들이 가진 얼마 되지도 않은 돈을 모두 탕진하고, 심지어 '레버리지'(leverage)로 돈을 빌려 '투자'한다, 그 결과는? 참담 그 자체다.

하지만 운이 따른다면, 나처럼 이를 만회할 기회가 있을 것이다:

비록 지금 물려 있다 하더라도, 아껴 쓸 돈이 있다면, 후에, 길고 긴 불황장 속에서, 비용을 줄이고 포지션을 늘릴 수 있는 기회가 있는 것이다.

따라서 소를 잃고 외양간을 고치는 것에는 몇 가지 전제가 따른다.

- 그 잃어버린 소 한 마리 외에 소를 더 가지고 있어야 한다.
- 그 잃어버린 소 말고도 더 많은 소가 있다면 훨씬 좋다.
- 소가 많이 있다면 외양간도 만들어 두었을 것이다.
- 그래서 소를 한 마리 잃었다 쳐도, 고칠 외양간이 있다.
- 그래서 외양간을 고친다면 소를 더 여러 마리 관리할 수 있다.
- 그래서 초기에 소 한두 마리를 잃었다손 치더라도, 후에는 연연할 필요가 없다.

그래서 소를 잃고 외양간을 고친 흑우가 해야 하는 가장 중요한 일이 무엇일까? 매우 간단하다:

돈이 있다면, 포지션을 만드는 것이고

돈이 없다면, 시장 밖에서 돈을 버는 것이다.

4장

거래소의 투자자가 갖추어야 할
가장 중요한 능력

· · ·

내가 보기에 투자만큼 많은 공부를 필요로 하는 분야는 찾기 어렵다. 투자 성공 원인은 결국 학습 능력의 유무로 거슬러 올라간다. 시장에서 성공한 투자 고수들은 모두 자기 학습과 공부의 귀재들이다.

사람들은 흔히 '투기'와 '투자'를 장기와 단기의 기준으로 구분하곤 한다. 하지만 이는 매우 피상적인 접근이다. 투기도 장기로 할 수 있고 투자도 단기로 할 수 있다. 사람들은 투기는 나쁜 것으로 투자는 좋은 것으로 보지만, 이는 누구나 쉽게 빠질 수 있는 오류다. '실패한 투자'와 '성공한 투기' 중 더 나은 것은 무엇일까? 따라서 장기와 단기로 개념을 정의하는 것은 그것이 '투자'가 되었든, '투기'가 되었든 사용할 만한 것이 아니다.

나는 투기자와 투자자를 다음과 같은 기준에 의해 구분한다:

투기자들은 공부를 멀리하고, 투자자는 공부를 좋아한다.

투자 결정에 앞서, 열심히 연구하고 깊이 공부한다. 투자 후에는, 그 결과를 막론하고 의사 결정을 회고하고 요약하고 분석하여 더 나은 다음 결정을 내릴 수 있도록 준비한다. 바로 이런 이들이 투자자다. 시장에 얼마나 빨리 들어갔다가 금방 나왔느냐는 중요하지 않다.

"흑우"는 어떤가? 그들은 공부하지 않고 연구하지 않는다. 그들은 당장 눈앞에 닥친 것에만 눈이 멀어 자신을 제외한 모든 이들을 탓한다. 그들이 돈이 많든 적든, 아이큐가 높든 낮든, 내가 보기에는 이런 이들이야말로 진정 '실패한 투기꾼'이며 진정한 멍청이이다.

2011년 이래 지금까지 눈 깜짝할 사이에 지나간 지난 7년간 비트코인과 블록체인에 열광하는 수없이 많은 사람을 만났다. 하지만 그들 가운데 비트코인 백서를 잃어본 사람은 도대체 몇 명이나 될까? 단지 한 번 읽는 데 그치지 않고, 몇 번에 걸쳐 필요할 때마다 다시 읽으며 내용을 상기해 보는 사람은 또 얼마나 될까? 비트코인에 투자해 아직 돈을 벌지 못한 대부분의 사람은 사실 비트코인을 탓할 자격이 없다. 단지 자기 자신만을 탓할 수 있을 뿐이다. 왜? 자신이 투자한 것이 대체 무엇인지도 모른 채 투자했으니 말이다.

만일 당신이 투자 결정을 내리기 전에 남의 의견을 들어야만 하는 사람이라면, '소문'의 향배를 반드시 확인해야만 하는 사람이라면, 당신이 소위 바로 그 "흑우"다. 자신이 무엇에 투자하는지도 모르고 있으니 말이다. 여기까지 했음에도 불구하고, 당신이 아직까지도 스스로 연구하지 않고 공부하지 않는다면, 그래서 스스로 결론을 내릴 수 없다면, 당신은 사실 '수양하지 않는 흑우'다.

"소 잃고 외양간 고친다"라는 속담에 '외양간'이란 결국 축적된 자신만의 관점과 지식, 그리고 의사결정을 위한 도구인 것이다.

'상승장의 꼬리에 진입'하는 것은 대다수 투자자들의 숙명이다. 기정사실이기에 이를 되돌릴 방법도 없다. 어쩔 수 없다. 무지에 의해 장에 들어갔다가 무지에 의해 장에서 나온 사람이 맞는 결과는 참담할 수밖에⋯. 하지만 무지에 의해 들어왔다 무지의 결말을 본 자라 할지라도, 깨우쳐 공부하고 학습하여 스스로를 바꿀 수 있다면, 이는 현명한 선택이자 강자의 선택이기도 하다.

강자가 되어라. 이것은 훌륭한 투자자들의 신앙이다. 모든 초보 투자자와 모든 "흑우"가 반드시 새겨두어야 할 개념이다. 그렇지 않으면 먼 훗날에도 아직 "흑우"로 남아 있는 자신을 발견하게 될 것이다.

하락장에서, 장외에서 돈을 버는 것 말고 할 수 있는 것은 무엇이 있을까? 공부다! 최소 학습 능력 단련은 시작해야 한다.

무엇을 공부해야 할지 모르겠다고? 계속해서 읽으라. 반복해서 읽으라. 한 글자도 빼놓지 말고. 반복해서 읽으면 최소 이전에는 몰랐던 새로운 관점과 사고방식을 체득할 수 있다. 이런 식으로 스스로의 사고방식을 개선할 수 있다. 생각이 결정을 내리고, 결정이 행동을 바꾸고, 행동이 운명을 바꾼다. 이것은 진실이다.

5장

흑우의 숙명에서 벗어나기 위한 하나의 관념

· · ·

모든 사람은 각자가 처한 상황에 대해 분명히 납득할 수 있는 해명이 필요하다. 다른 사람들 들으라고 하는 해명이 아닌, 자기 자신을 위한 해명이 필요하다. 무슨 일이 있을 때 사람들이 늘 '해명을 요구'하는 이유다. 만일 스스로가 처한 어려움에 대해 분명히 해명하기 어렵다면 이를 견디기는 더욱 쉽지 않다.

병원에서는 불치병을 앓는 환자들이라면 누구나 뼈아픈 '자기 해명'의 시기를 거친다. "왜 하필 내가 이 병을 앓아야 한다는 말인가!?" 고통스러운 자문이다. 확률의 문제로 치부할 수도 있겠지만, 사실 "왜 하필 나야?"라는 질문은 불행한 자들이 받아들이기 힘든 심리 상태를 반영하는 말이다.

아마 여러분은 중학교 때쯤 이런 경험을 해본 일이 있을 것이다. 반에 별로 예쁘지 않은 여학생이 연애 편지 한 번 받아 본 적 없는 자신의 신세를 이렇게 설명하는 것이다. "난 그런 여우같은 사람이 아니야!" 제3자는 일을 객관적으로 볼 수 있지만, 당사자는 그렇지 않다. 그들은 여전히 자신만의 '설명'에 대한 확신을 갖고 있다. 하지만 이런 '설명'이 그들에게 주는 심리적 위로 외에 다른 부작용은 없을까? 사실 부작용은 매우 많다. 스스로를 거짓 되게 하는 것을 뛰어넘어, 스스로를 합리화하기 위해 자신이 '여우'라고 여기는 사람들에게 부당한 프레임을 씌워 괴롭히는 것이다. 그 '여우'들은 예쁜 것 외에는 아무런 잘못이 없는 데도. 더 슬픈 일은, 그들 스스로가 뒤틀려 있으면서도 그 사실을 모르기에, 나중에 뒤틀린 사람을 배우자로 맞게 된다는 점이다.

"흑우"들이 가장 공감하는 것은 무엇일까?

내가 관찰한 바에 따르면 '흑우'들은 굉장히 잘못된 관점에 공감하는 경향이 있다:

바로 모든 거래가 '제로섬 게임'이라고 생각한다는 점이다.

자기에게 있어 자신이 번 돈은 남들이 잃은 돈이며, 마찬가지로 자신이 잃은 돈은 남들이 번 돈이라는 관점이다.

이는 모순이다. 이런 "흑우"가 "흑우를 털어먹는 나쁜 세력"을 성토할 때, 그들이 화를 내는 대상이 누구인가? 들여다보면, 그들이 정작 화가 난 이유는 '세력들이 흑우를 털어먹어서'가 아니다. 그들 스스로가 '흑우를 털어먹는 세력의 일부'가 되지 못했기 때문이다. 그들이 스스로 흑우를 털어먹을 수 있었더라면, 인정사정 없었을 것이다. '제로섬 게임' 아닌가? 그리하여 흑우는 서로를 털고 털리는 나쁜 흑우가 된다.

그들의 실수는 무엇일까?

그들은 순환주기라는 시장의 가장 큰 원리를 완전히 무시했다. 상승장이 있으면 하락장이 돌아오고 하락장이 있으면 상승장이 돌아온다는 그 사이클 말이다.

상승장에서는 대부분의 사람이 돈을 번다. 소수 돈을 잃은 사람들의 손실액은, 돈을 번 사람들의 수익액에 비해 한참을 미치지 못한다. 이 경우 털린 흑우는 누구인가? 하락장에서는 대부분의 사람들이 돈을 잃는다. 이들이 잃은 돈의 합계는 소수 돈을 번 사람들이 번 돈을 합친 것보다 훨씬 크다. 그렇다면 흑우를 털어먹는 것은 누구인가?

따라서, 이는 '제로섬 게임'이 아니다.

실제로 상승장의 끝자락에서는 누구를 막론하고 사람들은 호르몬으로 두터워진 가격에 산다. 하락장의 끝자락에서는 누구를 막론하고 사람들은 굶주려 마른 가격에 산다.

열린 시장에서는 그 누구도 당신에게 거래를 하라고 강요하지 않는다. 거래는 모두 스스로의 의지에 의한 것일 뿐이다. 그렇다면 사람들이 스스로 원해 산 걸 두고 처음에는 좋아하다가 나중에 분에 겨워 울먹이는 이유는 무엇인가? 우리에게는 설명이 필요하다. 우리 스스로가 납득할 수 있는 대답이 있어야 우리가 처해 있는 불편한 상황을 설명할 수 있을 테니까.

당신은 옳은 설명을 원하는가? 아니면 듣기 좋은 설명을 원하는가?

옳은 설명은 옳은 행동을 낳는다. 듣기 좋은 설명은 잠시 기분을 좋게 해주겠지만, 결국에는 온갖 '놀라운' 부작용을 초래한다. 틀린 설명이기 때문이다. 당신이 진정 원하는 대답은 어떤 대답인가?

옳은 설명이란 사실 꽤 간단하다:

잘못된 타이밍에 샀기 때문이다.

상승장에서는 모두가 성공한다. 최악의 종목조차 빠르게 오른다. 하락장에서는 모두가 실패한다. 좋은 종목이 더 빠르게 떨어지기도 한다.

'잘못된 타이밍'이 가장 기본적이고 합리적이며 유익한 설명이다. 혹은 유일하게 합리적인 설명이다.

그리고 당신이 더 성숙해진다면 더 잘 이해할 수 있을 것이다. 앞으로는, 절대로 제로섬 게임에 참여하지 말아야 한다는 것을. 제로섬 게임은 도박보다 훨씬 나쁜 시간 낭비다. (알아야 할 것은, 현실 세계에서는 공정한 도박이란 존재하지 않는다는 점이다. 공정성을 유지하기 위해, 혹은 공정성을 수단으로 활용하기 위해, 모든 카지노는 house spread를 가지고 있다.)

6장

흑우가 매너가 없는 근본적인 이유

· · ·

"흑우"들은 자신이 제로섬 게임을 하고 있다고 생각하기 때문에, 시장에 들어서는 순간 괴물이 된다. 유심히 관찰해 보라. 농담이 아니다.

롱을 치는 사람들(구매자)과 숏을 치는 사람들(판매자)이 서로를 "바보"라고 부르며 스치고 지나간다.

그들은 왜 서로를 '바보'라 부를 수밖에 없는 운명인가? 그들이 하고 있는 것이 제로섬 게임이라 믿기 때문이다. 그래서:

- 둘 중 하나는 바보여야만 한다;
- 나는 이만치 똑똑하기 때문에, 바보는 너일 수밖에 없어!

매너와 교양은 어디까지나 깊은 사고의 결과물일 뿐, 속된 말을 사용하는 것과는 아무런 관계가 없다. 우리가 앞서 다룬 것처럼, 투기자와 투자자가 학습과 공부의 유무에 따라 구분되는 것과 마찬가지다.

누군가 잘못된 생각을 하고 있다면, 혹은 생각하는 방향이 잘못되어 있다면, 그들은 곧 진정으로 저속한 사람이 되고 만다. 진정한 제로섬 게임에 참여하는 사람은 자신이 상대방보다 우월하다는 점에 의지한다. 이긴다면 원하는 것은 무엇이든 할 수 있다. 반대로 진다면 실패를 인정해야 한다. 하지만 제로섬 게임이 아닌 것을 제로섬 게임으로 보는 사람들은, 그들이 첫 단추를 끼울 때부터 실수를 저질렀다는 점을 눈치 채지 못하고 결국 다음과 같이 되기 십상이다:

- 처음엔 50퍼센트의 승률이 있다;
- 하지만 오해를 했고, 실패할 확률이 높아진다;
- 성공과 실패에 대한 분석이 완전히 틀렸다;
- 그러기에 다음 판단도 틀릴 것이다;
- 결국 다음 기회에 성공하거나 실패할 확률 역시 왜곡될 것이다;
- 결국 소위 흑우들의 운명이 정해지는 방식이다;
- 그래서 흑우들은 불평불만이 많아진다. 스스로 창조한 것이다.

그래서 진실은 무엇인가?

거래란 늘 양자 사이에서 벌어지는 일이다. 사고 싶은 사람이 있어도 팔려는 사람이 없으면 가격이 얼마든 살 수 없다. 반대로 팔고 싶은 사람이 있어도 사려는 사람이 없으면 가격이 얼마든 팔 수 없다.

만일 거래자들이 모두 같은 생각과 판단, 니즈와 결론을 가지고 있다면, 거래라는 행위가 성립될 수 없다. 근본적으로 거래란, 서로 다른 생각의 귀결이기 때문이다. 결국 거래란 거래자가 자신과 다른 생각, 더 나아가 자신과는 완전히 다른 생각을 가진 사람을 찾는 행위이다. (혹은 주문을 걸어놓고 다른 생각을 가진 사람이 나타나기를 기다리는 행위이다.)

따라서 거래가 성사되었다면, 양자는 서로에게 감사를 느끼는 것이 당연한 일이다. 왜 모욕을 주고받아야 하는가? 아주 고맙지는 않더라도 최소한 "고맙습니다"라는 한 마디는 해야 하는 것 아닌가? 그래서 깊이 생각하는 사람들은 자연스러우면서도 진실한 예의 바름을 가지고 있다:

롱을 치는 사람들(구매자)과 숏을 치는 사람들(판매자)이 서로를 스쳐 지나가며 서로가 잘되기를 바라는 것이다.

우리 모두는 이런 아름다운 세상에 살고 있지만, 혹우들은 첫 단추를 잘못 끼운 대가로 그들 스스로가 만들어낸 어둠의 구석에서 살게 된다. 참혹한 일이다.

어느 한 심리학자도 이런 결론을 내린 바 있다. "세상에 나쁜 사람이란 없다. 오직 좋은 사람과, 바보와, 병든 사람이 있을 뿐이다." 내가 보기에는 병은 바보스러움에서 온다. 나는 이 글을 읽자 세상이 한층 밝아진 것 같았다.

7장

흑우는 가치 따위에
관심이 없다고 한 자 누구인가?

· · ·

'가치 투자'를 말하는 사람이 꼭 '가치 투자'라는 기준에 따라 판단하고 행동한다고 생각하는 우를 범하지 말자. 만일 당신이 겉으로만 드러나는 피상적인 것에 자주 현혹된다면 당신의 투자 실적 역시 고전을 면치 못할 것이다.

성공적인 투자자란 늘 드물다. 이 드문 사람들이 공통적으로 가지는 특징은 그들이 수면 위로 드러나는 현상에 현혹되기보다는, 수면 밑에 감추어져 있는 현상의 본질을 찾고 조사하려 한다는 점이다.

'가치 투자'를 논하는 사람들 대부분이 '가치 투자'에 대해 논하는 이유는 그들이 이미 물려 있기 때문이다. 이것이 많은 사람이 '가치 투자'를 논하는 이유다. 왜냐하면 우리가 이미 알다시피, 대부분의 사람들이 상승장에 끝자락이자 하락장의 시작점에 시장에 현혹되어 들어서서는 "사자, 사자, 사자"를 외치다가 베어 마켓(하락장)의 무자비한 발길에 밟혀 죽는 것이다.

이는 굉장히 흥미로운 현상이다:

세상에 배우지 않는 사람이란 없다.

모두가 배운다! 멍청이조차 늘 배운다…. 단지 다 같은 배움이 아닐 뿐이다. 멍청한 자들은 배움의 방향과 방법에 하자가 있기에 그들이 배운 것은 쓸모가 없거나, 더 나아가 해로운 것이 될 뿐이다.

두 가지 조언이 있다. "가치가 어디에 있는지 철저히 조사한 후 살지 팔지를 결정하라." "모든 경고는 귓전으로 흘려버리고, 당신이 틀렸다는 걸 안 후에 조사를 시작하라." 이 두 조언의 거리만큼이나, 각각이 가져올 결과의 차이는 천양지차다.

이는 굉장히 흥미로운 현상이다. 왜냐하면 영리함과 바보스러움의 차이는 내재적 요인이 아니라 순전히 '순서'의 차이에서 기인

하기 때문이다. 체스에서와 마찬가지로 무엇이 먼저 되었고, 무엇이 나중에 되었느냐가 승패를 가르는 것이다. 양쪽이 같은 수의 말을 가지고 있고, 체스판은 완전히 대칭이다. 하지만 끝에 가서는 승자와 패자가 있다. 무엇이 결과를 갈랐는가? 놀랍게도 그것은 순전히 '순서'다. 물론 '순서'에는 여러 다른 이름이 있다. '전략'이 그중 하나이다.

만일 소위 당신의 '운명'이 잘못된 타이밍에 거래를 한 것이라면, 이를 고치는 방법은 가치를 찾는 것에 있지 않다. 모든 자물쇠에는 열쇠가 있고, 대부분의 사람에게는 마스터키가 없다. 당신의 성미가 아무가 조급해도, 성급히 의사를 부를 필요는 없다. 이는 상식이다.

만일 잘못된 타이밍에 거래 결정을 내렸다면, 이를 복원할 수 있는 옳은 행동이란 무엇인가?

간단하다:

다가오는 옳은 타이밍을 기다리는 것이다!

이렇게 단순한 답은 간과되는 경우가 많다. 사람들은 대개 커다란 사건이란 여러 음모에 의해 통제되며, 돈을 버는 것과 같은 큰일에 그렇게 간단한 답이 있으리라고 믿지 않기 때문이다.

조정의 시간에는, '가치'와 같은 보물조차 그 힘을 잃는다.
유심히 관찰하라:

가치 투자를 맹신하는 자들은 실수를 인정하고, 그른 결정에 대한 값
을 조용히 치러야 할 것이다.

이에 대해 생각해 본 적이 없다 하더라도 열등감을 느낄 필요
는 없다. 만일 이런 일로 열등감을 느껴야 했다면, 나는 오래전
에 스스로 목숨을 끊었을 것이다. 실제로 내가 가치 투자의 한계
를 인식한 것은 수년이 지나고 나서였다.

가치 투자가 옳다 하더라도, 그것은 오직 세상의 일부밖에 설명
해줄 수 없다.

8장

흑우에게 부족한 것은
인내력이 아니라 힘이다

· · ·

소위 '털리는 흑우'들이 시장을 떠나는 이유는 인내력이 부족해서가 아니다. 앞서 이야기했듯이 멍청이들조차 늘 배운다. 여건만 충분히 갖추어져 있다면 사람들은 대부분 인내력을 발휘한다. 이는 사실이다.

인내력 부족이란 표면적으로 드러난 현상일 뿐이다. 그렇다면 본질은 무엇인가? 그것은 힘의 부족이다.

두 사람이 동전을 튕겨 앞뒤를 맞히는 게임을 한다고 하자. 동전을 한 번 튕길 때마다 2백만 원을 거는 조건이다. 동전은 완벽히 대칭을 이루고 있다. 아무도 속임수를 부릴 수 없다. 그렇다면 끝내 이기는 사람은 누구일까?

넌센스 퀴즈가 아니다. 하지만 그래도 독자는 이 질문에 뭔가 문제가 있다고 여길 것이다:

- 확률은 50:50인데, 어떻게 승자가 있을 수 있지?
- 승자가 없다면, 승자를 가르는 조건에 대해 어떻게 이야기한단 말인가?

이것이 바로 대부분의 사람들이 본질을 못 보고 수면 위로 드러난 현상에만 현혹된다고 하는 이유다.

끝에 가면 결국에는 승자가 있다. 두 사람이 가지고 있는 자원이 다르다면 말이다. 확률이 50:50이라 하더라도, 동전 튕기기는 한 번은 앞면, 그다음은 뒷면 하는 식으로 반복되지 않는다. 극단적인 예를 들자면, A에게 2백만 원밖에 없고 첫판에서 진다면, 그에게 다음 기회는 없다. 하지만 어릴 적을 기억해 보라. 몇 번이고 앞면이나 뒷면이 연속적으로 나온 것은 사실 꽤 흔한 일이다. A에게 2천만 원이 있고, B에게 2백만 원이 있다면, 판돈이 더 많은 A가 종국에는 승자가 될 확률이 높다.

결론적으로 이 판에서 승자를 결정하는 것은 '운'이 아니라 '힘'이다.

결국 같은 원칙으로 돌아온다: 흑우들이 시장을 떠나는 이유는 인내력이 부족해서가 아니라 힘이 부족해서이다. 시장에 들어와 물린 액수가 자신이 가진 자산 대비 소액이라면 그들이 인내력을 잃었을까? 평정심을 잃고 좌불안석했을까? 물린 걸 가지고 수치심을 느꼈을까? 아니다. 오히려 침착하고 대수롭지 않게 여겼을 것이다. 물론 순간적인 판단 착오에 대해 부끄러움을 느꼈을 수는 있지만, 그 순간의 감정을 토대로 더 나쁜 실수를 저지르지는 않았을 것이다.

따라서 흑우의 운명을 탈출하는 길은 딱 하나다. 바로 힘을 기르는 것이다.

그렇다면 거래 시장에서 힘이란 과연 무엇을 말하는 것일까?

분명한 정의가 있다:

장기적이고 안정적인 저비용의 현금 흐름이다.

이런 것을 얻기란 사실 쉬운 일이 아니지만 그렇다고 불가능한 것도 아니다. 누군가는 한정 없이 돈을 빌릴 곳이 있고, 또 어떤 이는 끊임없이 자금을 유치하는 데 기대고 있다. 나와 같은 사람들은 책을 쓰며 '시장 밖에서 돈을 버는 것'에 의존해 있기도 하다. 하지만 일반적인 사람들은 다른 일을 통해 '시장 밖에서 돈을 버는 것'이 유일하게 유효한 전략이다.

더불어 중요한 원칙이 하나 더 있다:

포지션을 통제하는 것이다.

늘 어느 정도의 비율로 현금을 가지고 있어야 한다. 비율을 따질 상황이 되지 않는다면 최소한의 액수로 현찰 대비금을 남겨 놓고 있어야 한다. 여기에는 스노쿨러의 산소 탱크와 마찬가지로 협상의 여지가 없다. 준비해놓을 현찰이 몇 퍼센트가 될지, 절대적 액수로 얼마가 될지에 대해서 룰이 있는 것은 아니다. 오직 당신의 판단에 달려 있을 뿐이다.

9장

리스크 테이킹(Risk Taking)을 좋아하는 이는
결국 흑우뿐이다

. . .

세간에는 리스크를 감내하는 것을 용기와 혼동하는 이들이 많다. 이런 사고방식이 일상에서는 그리 큰 위험을 끼치지 않을지 모르지만, 거래 시장에서는 대단히 치명적인 위험이다.

성공적인 투자자들은 리스크를 대단히 싫어한다. 흑우들은 이를 모른다. 흑우들은 자신이 처한 상황에 대해서 엉뚱한 해석을 하는 것처럼, 성공적인 투자자들이 성공한 이유에 대해서도 완전히 엉뚱한 해석을 내놓는다. 그들은 성공한 투자자들이 성공한 이유가 리스크를 감내했기 때문이라고 생각한다. 사고가 피상적이고 직선적이기 때문이다:

- 시장에는 리스크가 있다;

- 따라서, 성공하기 위해서는 반드시 리스크 테이킹을 해야 한다;
- 결국 리스크 테이킹을 안하면 성공할 수 없는 것이다.

이는 완전히 틀린 말이다!

당신이 흑우의 운명에서 탈출하고 싶다면, 반드시 배워야 하는 개념이 한 가지 있다:

피할 수 있는 리스크는 감내하지 않는 것이다.

리스크를 반드시 감내해야만 하는 상황이 있다면, 바보들이 그 리스크를 취하도록 내버려 두고 당신은 옆에서 관찰만 하며 간접 경험을 쌓는 것이 낫다.
물론 경험을 쌓는 가장 좋은 방법은 손을 담가 직접 그 경험에 참여하는 것이다. 하지만 리스크에 대해서라면 이야기가 다르다. 최대한 일찍 남들의 실수와 경험을 통해 간접적으로 배우는 것이 정답이다.

내가 신동방 영어 학원에서 일할 당시 옥스퍼드 대학교의 사이드 비즈니스 스쿨에서 MBA에 간 동료가 있었다. 그가 돌아와 말하길, 첫 수업에서 교수가 칠판에 다음과 같은 말을 적었다고 한다:

타인의 돈을 활용하라!

참고: 이 문구는 1914년에 출판된 「남의 돈과 은행가들이 이를 이용하는 방식」이라는 책에서 유래했다. 저자는 루이스 뎀비츠 브란데이스(Louis Dembitz Brandeis)이다.

이는 매우 깊고도 현명한 경고다. 지난 8장에서 "장기적이고 안정적인 저비용의 현금 흐름"에 대해 했던 이야기를 기억하라. 세계 최고의 비즈니스 스쿨에서 첫 시간부터 가르치는 것이 바로 을 펀드 레이징(Fund-Raising)을 하는 역량이다. 그런 것이다. 사람들의 오해를 피하기 위해, 그들 스스로를 보호하기 위해 어느 정도의 '위선'에 대해서도 배우지만 이에 대해 이야기하지는 않는다. 짐승의 세상이 이렇지 아니한가? 모든 짐승이 스스로를 보호하고 잘 숨기 위한 방법을 체득해야 하는 것과 마찬가지다.

내가 만일 그런 세계적인 비즈니스 스쿨의 학장이었더라면 다음과 같은 말을 벽에 써놓아 학생들이 평생 기억할 수 있도록 했을 것이다:

남들이 리스크 테이킹하는 것을 관찰하라!

이것이 '남의 돈을 활용하는 것'보다 훨씬 중요하다. 왜? '자신의 돈'으로 할 수 있는 일은 점차 늘어나는 반면 '남의 돈'에는 늘 리스크가 따르기 때문이다. 세계 경제는 지난 수십 년에 걸쳐 급속도로 발전했고, '조금의 돈'을 가지는 것이 더 이상 어렵지 않은 일이 되었다. 더 큰 기회들도 현저하게 늘고 있지 않은가?

경제가 어떻게 발전하든 간에 리스크는 리스크일 뿐이며 세상에는 늘 경험을 얻기 위해 리스크를 감내하는 사람들이 있다. 그러나 그 사람이 당신이 될 필요는 없다. 그렇다면 해야 할 일은 무엇인가? 바로 관찰하고, 요약하고, 배우는 것이다. 리스크가 크면 클수록 세상은 더욱더 당신 같은 사람을 필요로 하게 된다. 사실 리스크를 감내했던 당사자들조차 당신에게 감사하게 될 것이다. 왜? 물론 그들은 돈을 잃었지만, 그들의 경험이 정리되고 요약된 형태로 공유되어 그들의 실패가 새로운 의미로 재탄생하게 된 것은 바로 당신의 노고 덕분이기 때문이다.

옳은 결론에 대해 생각하기란 매우 어려운 일이다. 옳은 결론은 그 뿌리가 밝은 빛에 있다 하더라도 보기에 악해 보이기 십상이기 때문이다.

사실 리스크 테이킹보다 더 무서운 것도 있다. 리스크 테이킹에는 살아남을 수 있는 확률이라도 있다. 하지만 돈을 빌려서 시장에 들어온다든가, 레버리지를 더한다든가, 아니면 전문 지식도 없으면서 옵션 마켓에 뛰어드는 것은 실질적인 자살 행위다. 변동폭이 큰 암호 화폐 시장에서라면 더더욱 그렇다. 안 그래도 리스키한 시장인데 거기에 리스크를 또 추가한다면 그게 자살 행위가 아니라면 무엇이란 말인가?

하지만 흑우들은 믿지 않는다, 아니 믿기를 거부한다. 시장에서 이미 처참하게 살해당했어도 아직도 "누가 내게 돈을 조금만 빌려준다면 다 갚아줄 수 있을 텐데!"라고 생각한다.

경고

이번 장은 99퍼센트의 확률로 많은 오해를 받을 것이다. 모호성은 '남의 돈'이라는 표현에서 온다. 대부분 투자 또는 투기에 실패한 장본인들이 이 표현에 반응할 수 있다. 그들은 "타인의 돈을 활용하라"라는 표현에서 '활용'이라는 표현이 금융 분야의 관련한 법과 규제의 보호 아래서 이루어지는 것을 뜻하는 것임을 간과한다. 마찬가지로 "남들이 리스크 테이킹하는 것을 관찰하라"라고 했을 때, 이 관찰이라는 것은 뒤틀린 의도를 가지고 불난 집 구경하듯 하라는 것이 아니라, 타산지석으로 삼아 보고 배우라는 뜻에 가깝다.
이를 글로 적어 남기는 것에는 어느 정도 리스크가 따른다. 정치적으로 올바르지 않은 것으로 오해될 확률이 높기 때문이다.

10장

더 무서운 것은 비용을 고려하지 않는
리스크 테이킹이다

· · ·

성공적인 투자자들은, "신은 주사위 던지기를 하지 않는다"라는 아인슈타인의 경구처럼, 순전히 확률로만 작동하는 게임에는 참가하지 않는다.

간혹 리스크를 감내한다 하더라도, 어디까지나 이길 확률이 50퍼센트 이상이거나, 최선의 경우, 50퍼센트를 훨씬 넘을 때이다.

하지만 혹우들은 다르다. 그들은 리스크를 감내하지만, 리스크의 파급력을 계산할 줄 모른다. 그렇다, 리스크는 수학적으로 계산될 수 있다! 하지만 혹우들은 리스크를 한 번도 계산해 본 적이 없기 때문에, 리스크가 꼭 계산에 들어가야 한다는 사실을 인지하지도 못한다. 당신은 그들이 이길 수 있다고 생각하나? 그들이 이겼다면, 세상의 이치를 거스른 것이 아닌가?

당신은 초보자일지언정 흑우는 아니다. 최소한 언제까지 흑우로만 남아 있고 싶지는 않을 것이다. 그렇다면 무엇을 해야 하는가?

배워야 한다!

배우고 싶지 않다고? 배우지 않고 할 수 있는 게 있냐고? 있다. 시장을 떠나 다시는 돌아오지 않는 것이다.

그러니 가서 배우라. 줄줄이 A를 맞는 특급 학생이 될 때까지.

누군가 당신에게 와서 1만 원을 빌려달라고 한다 치자. 돈을 돌려줄 때에는 1만 1천 원을 돌려주겠다고 한다. 이 경우 당신의 리스크/보상비는 무엇인가? 당신의 리스크는 그 사람이 사라져 당신의 1만 원을 잃는 것이다. 잠재적인 보상은, 그 사람이 돈을 돌려줄 경우 원금에 더해 1천 원을 얹어 받는 것이다. 따라서 당신의 리스크/보상 비율은 1:0.1, 혹은 10:1이다. 전혀 매력적인 숫자가 아니다.

만일 누군가 나에게 "1만 원을 빌려주면 다음날까지 1만 5천 원을 갚겠다"라고 제안한다면, 나는 빌려주지 않을 것이다. 이런 제

안은 마작판에 있다가 급전을 당겨 다음 판에 참가하려는 도박 중독자나 하는 것이기 때문이다. 내 주위에는 그런 친구가 없다. 군소리는 걷어내고 본질로 돌아가자. 만일 당신이 상대방의 신뢰도를 알 수 없다면, 보상이 10퍼센트든, 50퍼센트든, 200퍼센트이든 상관없이 리스크는 동일하다. 당신이 잃을 수 있는 돈의 최고액은 1만 원이다. 리스크/보상비는 다르다. 리스크/보상비는 당신의 마음 상태에 지대한 영향을 끼친다.

좀 헷갈린다고? 걱정할 필요 없다. 처음에는 간단해 보이는 일의 표면을 몇 꺼풀 걷어내 그 속에 담긴 진실을 들여다보는 일이 복잡하고 직관적이지 않은 것처럼 느껴질 수 있다. 어떤 책이든 다독하면 된다.

앞의 사례에서, 실질적인 비용은 '당신이 1만 원을 잃을 수도 있다는 사실'이 당신에게 주는 중압감에서 비롯된다. 이는 당신의 경제적 사정에 달려 있다. 만일 당신의 월 수익이 몇 천 만 원 단위라면, 호기롭게 "갚으실 필요 없습니다. 그냥 쓰세요"라고 말할 수 있을 것이다. 하지만 당신이 경제적으로 부모님께 의존하고 있는 대학생이라면 1만 원의 의미가 달라진다. 1만 원은 당신의 하루치 밥값이 될 수도 있다. 만일 그게 월말이어서 당신에게 남은 마지막 1만 원이라면, 그 비용은 당신이 감당할 수 있는 것이 아니다.

이렇듯 리스크 비용을 계산하는 데는 많은 요소가 고려되어야 한다. 결국 가장 중요한 것은 앞 장에서 이야기한 것처럼 '힘'이다. 리스크/보상비는 그 뒤를 잇는다. 보라, 어디가든 마찬가지다: 힘이 가장 중요하다.

다시 거래 시장으로 돌아가 보자.

당신이 보는 타깃 X가 있다고 하자. X의 가격이 2,600원에서 2,000원으로 떨어졌다. 당신이 보기에 2,200원으로 오를 것 같고, 그때가 당신이 캐시 아웃 할 때라는 판단이 선다. 그래서 당신은 5만 원을 활용해 25개를 샀다. 이 경우 당신의 리스크/보상비는 얼마인가? 한번 계산해 보자.

분모는 잠재 보상액이다. 가격이 2,200원이 될 경우, 당신의 잠재 보상액은 5천 원이고, 당신이 리스크를 진 액수는 5만 원이다. 따라서 당신의 리스크/보상비는 50,000:5,000, 혹은 10:1이다. 어떻게 보이는가? 별로 좋아 보이지는 않는다. 아닌가?

이 계산에는 많은 보강이 필요하다. 초보는 손절선(stop loss, 손절 기준)을 걸어두지 않기 때문이다. 좀 더 정확히 말하자면 흑우들에게는 '손절선'이라는 개념이 머릿속에 탑재되어 있지 않다. 하지만 당신은 다르다. 당신은 이제 리스크/보상비라는 개념을 알고 있고, 손절선을 반드시 설정해야 한다는 점도 잘 이해하고 있기 때문이다. 스스로를 위해 1,800원까지 떨어지면 무조건 파는 것으로 손절선을 설정해 둘 수 있다.

그럼 다시 리스크/보상비를 계산해 보자. 분모는 여전히 5천 원이다. 하지만 리스크는? 리스크는 500 〉 - (2518) = 50이다. 따라서 리스크/보상비는 1:1이다. 1:1은 동전 던지기의 승률이나 마찬가지 아닌가? 그렇다면 동전을 던지지 거래 시장에 뛰어들어야 할 이유란 대체 무엇일까?

심지어 거래소에는 거래 수수료도 있다. 그래서 거래 수수료까지 계산에 넣는다면, 이는 동전 던지기보다도 못한 것이다.

흑우가 흑우인 이유는, 더 나아가 흑우가 영원히 흑우로밖에 남을 수 없는 이유는 그들이 리스크를 지기 때문이며, 더 나아가 그 리스크의 비용조차 계산하지 않기 때문이다. 더욱 슬픈 일은 이런 계산을 미리 했었어야 한다는 생각조차 해 본 적이 없다는 것이다. 그들도 배우긴 한다. 하지만 종국에 그들이 쫓는 것은 남들에 대해 이러니저러니 하는 가십일 뿐이다.

11장

손절선을 정하는 가장 좋은 방법

· · ·

혹우들 가운에 일부는 진척을 보이기도 한다. 전문가들이 손절선뿐만 아니라 익절선(profit-taking line)도 설정해 둔다는 것을 눈치 채고는, 피상적으로나마 이런 방법을 따라할 수 있도록 일종의 '엄격한 규칙'을 만들어 지키려 한다.

과욕하지 말 것!

겉보기에 아무런 문제가 없어 보이는 이런 엄격한 규칙에 대체 어떤 빈틈이 있는 걸까? 빈틈은 규칙의 엄격함에 있는 것이 아니라, 실질적으로 모두가 과욕을 부린다는 점에 있다. 다시, 당신이 거래 시장에 들어오는 이유가 무엇인가? 가슴에 손을 얹고 자문해 보라. 하루에 고깃국 세 그릇 사 먹자고 거래소에 들어오는가?

정말 좋은 규칙은 실천이 가능한 것이다. "과욕을 부리지 말라"와 같은 규칙이 담고 있는 문제는 그것이 구체적으로 실천 가능한 기준이 아니라는 점에 있다. 생각해 볼 수야 있겠지만, 실천할 수 있는 일은 아니다. 잠깐은 할 수 있겠지만, 장기적인 실천이 가능하지 않은 것은 규칙으로 치지 않는 것이다.

그렇다면 어떻게 손절선을 정하나?

어떤 종목은 다른 종목보다 가격 변동성이 매우 높다. 비트코인의 가격 변동성은 외환 거래소의 미 달러와는 비교할 수 없을 정도로 크다. 초창기의 비트코인은 한 시간에 80퍼센트의 폭락이나 50퍼센트의 폭등을 겪은 적도 있다.

이에 따라 '일간 가격 변동성'이라는 지표를 생각해 볼 수 있다. 만일 하루 동안의 가격 변동폭이 25퍼센트라면, 당신의 손절선, 다시 말해 '당신이 감당할 수 있는 최대한의 손실폭'은 25퍼센트보다 높아야 한다(예를 들어 40% 정도). 왜냐하면 당신이 고려해야 할 것은 리스크, 특히 거래소에서의 높은 가격 변동성이기 때문이다. '최악의 상황에 대비'하는 것은 늘 '눈먼 낙관주의'보다 낫다.

정확히 어느 정도 수준에서 손절가를 정할 것인가에 대한 문제에는 고려해야 할 요소가 여럿 있다. 거래 당사자의 성격마저도 중요한 판단 기준이 될 수 있다. 진실의 순간에 결정을 좌지우지하는 것은 결정적으로 거래자 본인의 성격이기 때문이다. 무서운 것은, 순간순간의 결정에 절대적 영향을 미치는 거래자의 성격이 지금까지의 거래자의 장기적 행동 패턴을 지배해 왔을 거라는 점이다.

이쯤 되면 흑우들은 헷갈리기 시작한다. 고려해야 할 것이 너무 많아 골치가 지끈거린다. 여러 요소를 종합적으로 고려하여 결론을 내릴 때 실수를 저지르며 명쾌하게 논리를 정돈하지 못한다. 원칙과 상호 인과 관계를 파악하지 못한다.

누군가 인내심을 가지고 원칙과 원리에 대해 설명해 주어도 그들은 이내 포기하고 이렇게 묻는다. "그냥 한 마디로, 지금 살까요, 말까요?"(사실 그들에게 부족한 것은 인내심이 아니라 사고력이다.) 한 가지 재미있는 현상으로 당신이 곰곰이 생각해 볼 만한 지점은 그들은 대체로 그 반대 질문, 즉 팔지 말지에 대한 질문을 하지 않는다는 점이다.

만일 당신이 흑우의 운명으로부터 탈출하고 싶다면 당신의 뇌를 단련해야 한다. 좋은 것은 훈련된 뇌이지, 방치된 뇌가 아니다. 훈련도 그냥 해서는 안 된다. 제대로, 지속적으로 훈련해야 한다.

흑우가 하는 것이 뭘까? 손절선을 정해야 한다는 것을 배웠다. 물론 진전이다. 하지만 결과는 이전만도 못하다. 왜냐하면 손절선에 대한 계산을 해본 적이 없고, 전적으로 '흑우의 직감'에 의지했기 때문이다. 예를 들면, 어느 종목의 일간 가격 변동폭이 25퍼센트인데, 그들은 손절선으로 10퍼센트나 20퍼센트를 설정하고 마는 것이다.

이런 바보 같은 행동은 그들이 예측하지 못했던 또 다른 부작용을 낳는다. 흑우다운 희망 회로에 빠져 리스크/보상비 공식의 분자를 줄이고 만다. 그래서 그들의 거래는 대부분 '나쁜 비즈니스'가 되고 만다. 그럼에도 어디에서 무엇이 잘못되었는지 알지 못한다. 그러다 보니 이내 무지로부터 비롯된 미신적 사고에 빠진다. 그들은 어떻게 그들이 '털렸'는지 눈치채지 못한다. 그들 눈에 보이는 것은 오직 '누군가 내 돈을 벌어갔다'는 것이다. (하지만 이조차도 잘못된 결론이다.) 그래서 그들은 시장 조작자들을 매일같이 저주하며 어떻게든 시장 조작자와 친구가 되기 위해 애쓰며, 언젠가 스스로가 시장 조작자가 되기를 꿈꾼다.

어쨌든 손절선을 정할 때에는, 절대 희망 회로에 의지해서는 안 된다. 최소한 이제 당신은 의지할 만한 지표 하나는 알게 되었다.

'거래 종목의 일간 가격 변동폭'

12장

거래 빈도가 모든 것을 결정한다

• • •

당신은 '손절선을 정하는 방법'을 배웠지만 아직도 헷갈린다. 실제로 적용하려다 보니 너무 추상적이어서 영 적용할 수가 없다. 왜일까?

'일간 가격 변동폭'이란 것은 어떤 시간 프레임의 위에서 보느냐에 따라 완전히 달라지기 때문이다. %K* 선을 시간, 분, 일, 또는 월 단위로 달리해 보라. 당신은 매번 다른 결론을 얻을 것이다. 그래서 고려해야 할 요소가 하나 더 생긴다. 바로 얼마나 자주 거래를 할 것이냐 하는 점이다. 당신은 일 단위로 거래하는가? 아니

───

역자 주 %K 지표는 현재의 주가가 특정 기간 내에 위치하는 지점을 표시한 것으로, 0~100 사이의 수치로 표현한다. %K = 0 이면 현재의 주가가 특정 기간 중에 가장 낮은 지점임을 표시하고, %K = 100 이면 가장 높은 지점임을 표시한다.

면 지속적으로 늘 하는가? 아니면 분기 단위로? 이는 쉬운 결정이 아니다. 표준적인 답이 있는 것도 아니다.

어떤 사람은 쉴 새 없이 거래를 계속하면서, '효율이 낮다'고 푸념한다. 그러다 보니 결국 퀀트 트레이딩 봇 같은 것을 만들어 시장의 모든 기회를 포착하려는 헛된 노력을 기울이기도 한다. 어떤 이들은 거래를 1년에 채 한 번도 하지 않는다. 며칠에 한 번씩 거래하는 이들도 있다. 일단, 거래 빈도에 대해서는 걱정하지 말기로 하자. 지금 중요한 것은 이 거래 빈도라는 것이 영향을 미치는 결과에 어떤 것들이 있는지를 파악하는 일이다.

시장에는 방 안의 코끼리가 한 마리 있다. 중요하고 뻔한 일인데도 모두가 무시하고 말하지 않는 그런 것이다. 그것은 바로 거래 빈도가 높을수록 제로섬 게임에 가까워진다는 점이다.

현명한 사람들은 이에 대해 오래전부터 이야기해 왔다. 구체적인 방식이나 표현은 다르지만, 결국 내용은 같다.

"시장은 숏텀에서는 투표기지만, 롱텀에서는 체중계다."
- 벤자민 그레이엄

만일 흑우가 상황을 반전시키고 싶다면, 이미 누차 강조해 왔지만,

길은 딱 하나다:

거래 빈도를 줄이고, 줄이고, 줄이는 것이다.

새겨들으라. 만일 당신이 너무 자주 거래한다면 당신은 진정 흑우에 지나지 않는다. 하지만 거래 빈도를 줄이는 것은 말만큼 쉬운 일이 아니다. 많은 고수들이 초보들에게 거래 빈도를 낮추라고 조언하고 그 논리에 동의하지만, 실제 실천으로는 옮기지 않는다.

거래 빈도가 높아지면 높아질수록 거래 수수료 부담도 계속 늘어나 결국 얼마 안 되는 마진과 원금까지 다 먹어버릴 수 있다.

우리는 이미 거의 모든 초보가 저지르는 실수가 바로 시장이 '제로섬 게임'에 의해 돌아간다고 가정하는 것이고, 바로 이 점이 그들을 흑우로 만드는 이유라는 점을 다룬 바 있다. 하지만 대다수가 인지하지 못하는 사실은 그들의 거래 빈도가 높아지면 높아질수록 그들이 실제로 '진정한 제로섬 게임'에 점차 가까이 다가가게 된다는 점이다.

정말 무서운 것은, 거시적 관점에서 볼 때 이런 제로섬 게임의 승자는 거래소뿐이라는 점이다. 그 외에는 모두가 패배한다. 사람들이 자기들끼리 도박(거래)을 하고 있으면, 하우스(거래소)는 누가 이기든 그 액수의 일부를 취해 간다. 당신이 이겨도 수수료가 깎여나가고, 당신이 져도 수수료가 깎여나간다. 이기든 지든 상관없는 것이다. 이것은 무엇을 의미하는가?

단순히 거래 시장에는 제로섬 게임이 없다는 것이다.

흑우들이 가진 착각은 그들의 행동에서 고스란히 드러난다. 그들은 자신의 머리와 힘으로 수수료를 이길 수 있다고 악착같이 믿는다. 그들은 인류 역사상 수수료만이 유일하게 지속가능한 비즈니스 모델이며, 이는 여느 개인이 어찌할 도리가 없다는 것을 이해하지 못한다. 세상 온 천지 브로커들이 무엇을 하고 있는지를 돌아보라, 그럼 이해할 수 있을 것이다.

거래 빈도를 줄이는 것의 엄청난 장점은 다른 분야에서도 극명하게 드러난다.

당신의 거래 빈도가 높다면 리스크/보상비를 낮추기는 쉽지 않다. 왜냐하면 그렇게 짧은 시간 동안에는 '갑자기' 큰 수익을 내기가 하늘의 별 따기만큼 어렵기 때문이다. 물론 가격 변동폭이 큰 시장에서라면 엄청난 상승이나 하락을 자주 볼 수 있다. 하지만 이런 기회를 잡으려고 애쓰는 행위는 사실 시장에서 취할 수 있는 가장 위험한 행동에 속한다. 불타는 장작 속에서 맨손으로 장작을 꺼

내려는 행위나 마찬가지다.

당신이 적극적으로 거래 빈도를 낮추어 나간다면('적극적'이라
는 말에 주목하라. 많은 거래자는 시장의 압력으로 인해 의식하지도 '피동
적'으로 거래 빈도를 높여'왔다), 그 행위가 동시에 당신의 리스크/보상
비를 적극적으로 높이는 행위임을 이해할 수 있을 것이다. 왜냐하
면 이 행위를 통해 당신은 분자(리스크)의 감소 없이 분모(보상)을 줄
인 것이나 마찬가지기 때문이다.

나 역시 처음 시작했을 때엔 거래 빈도가 꽤 높은 축이었다. 거
래 빈도를 줄여 나가기 시작한 것은 어디까지나 스스로 만족하는 이
익의 크기가 지속적으로 커지고 있음을 자각하고 나서부터였다. 심
지어는 "열 배 이상 오르기 전까지는 없는 셈 치라"라는 나만의 규칙
을 만들기까지 했다.

열 배! 이런 숫자는 거래 빈도가 잦았을 당시에는 생각조
차 할 수 없는 숫자였다. 후에는 목표하는 배수를 바꿀 수도 있을 것
이다. 하지만 이 숫자는 내가 오랜 기간 동안 여러 번에 걸쳐 의도적
으로 거래 빈도를 줄여 나간 후에나 세울 수 있었던 목표다. 그 전에
는 불가능한 것이었다.

시장은 직관과는 반대로 움직인다:

예측의 안목이 짧으면 짧을수록, 동전 던지기와 비슷해지고,

예측의 안목이 길면 길수록, 이성적인 사고에 가까워진다.

따라서 거래 빈도를 낮추는 것은 동전 던지기를 거부하고, 논리적 추론을 추구하는 행위로 볼 수 있다.

13장

흑우를 털어먹는 자는 결국 누구인가?
거래에는 리스크가 따른다

· · ·

법은 재미없다: 거래되는 종목 또는 코인의 발행자가 대중에게 수반되는 리스크를 적절히 공고하지 않았다면, 그 종목 또는 코인은 사기죄를 범하는 것이나 다름없다. 하지만 이런 공고는 전혀 할 필요가 없다! 왜냐하면 모든 거래에는 리스크가 따르고, 거래자들은 시장에 들어서기에 앞서 이를 분명히 인지하고 있어야 하기 때문이다.

슬픈 사실은, 흑우들은 읽지도, 생각하지도, 공부하지도 않고, 그저 충동적으로 시장에 뛰어든다는 점이다. 그들이 시장에 뛰어들어 아무 생각 없이 "사자, 사자, 사자!" 외치는 이유는 간단하다. 남들이 돈을 벌었다는 이야기를 들었기 때문이다. 흑우를 구제하는 일은 정말 쉬운 일이 아니다.

그나마 나은 흑우들도 있다. 그들은 물리고 나서 가치 투자에 대해 연구하는 자들이다. 그들의 실수가 가져온 결과에 대해 조용히 책임을 지고 배움을 통해 개선을 도모하려고 최소한 시도는 하기 때문이다.

강경한 흑우들은 시장에서 좀 더 흔한 편인데, 그들의 '권리를 되찾기' 원한다. 그들은 해명을 요구한다. 그들의 기분을 좀 나아지게 해 줄 그런 해명을.

2018년 7월, 저가 핸드폰으로 유명한 레이쥔의 샤오미가 홍콩 증시에 상장됐다. 주가는 상장 즉시 하루 만에 상장가를 하회하며 떨어졌다. 세컨더리 마켓에서 고가에 주식을 산 투자자들은 하락한 가격에 꼼짝없이 '물리'게 됐다. 소위 '털린 흑우'가 된 것이다. 이 경우 흑우를 털어먹은 자는 레이쥔인가?

이 상황에서 자신을 레이쥔에게 털린 흑우라고 생각하는 사람은 사고방식이 매우 왜곡된 것이다. 그런 사고방식을 가진 사람이라면 시장에 들어올 생각조차 말아야 한다. 왜곡된 사고방식 때문뿐만 아니라, 스스로의 판단과 결정에 대해 책임을 질 능력이 전무함을 스스로 증명한 것이나 마찬가지기 때문이다. 능력이 있다고 말한다고 해서 정말 그 능력이 있는 건 아니지 않나?

세계에서 시가 총액이 가장 큰 회사 가운데 하나인 페이스북도 마찬가지로 상장과 동시에 가격이 폭락했다. 여기에서 하나 묻고 싶다:

만일 페이스북 주가가 상장가 이하로 떨어지기 전에 페이스북의 주식을 산 사람이 그 주식을 팔지 않고 아직까지 들고 있었다면, 그들은 돈을 벌었을까? 돈을 털렸을까?

이들은 털린 흑우가 아니다. 돈은 흑우를 털어먹는 데 기대지도 않았다. 자명한 일이다. 그렇지 않은가?

유심히 관찰하면 다음과 같은 진실을 발견할 수 있다:

소위 흑우를 털어먹는 것은 남이 아니다.
흑우는 스스로를 털어먹는다.

흑우의 실수는 다음과 같은 3단계로 나누어 살펴볼 수 있다:

첫째, 그들은 가격과 가치의 차이점을 구분하지 못한 채 잘못된 구매 결정을 내린다.
둘째, 그러고 나서도 가격과 가치의 차이점을 구분하지 못해, 잘못된 판매 결정을 내린다.
셋째, 아직도 가격과 가치의 차이점을 구분하지 못하고, 자기 스스로를 객관적으로 들여다보지 못하니 남들이 자신을 속여 털린 흑우가 되었다고 생각한다.

이상으로 우리는 상대적으로 '좋은' 종목을 거래하는 경우를 살펴보았다. 시장에는 '나쁜' 종목도 있을까? (내가 '좋지 않은'이라는 표현 대신 '나쁜'이라는 형용사를 사용한 점을 주목하라. 두 표현 사이에는 아주 큰 차이가 있어 섞어 쓸 수 없다.) 당연히 있다! 나쁜 종목뿐만 아니라 노골적인 사기도 아주 많다. 악의적인 시장 조작, 불공정한 내부 거래, 이익의 부당 편취 등등…. 사기의 종류는 셀 수조차 없다. 주식 시장과 같은 성숙한 거래 시장은 수십 년에 걸쳐 관련한 법과 규제가 정비되어 왔음에도 이런 사기들을 근절할 수 없었다. 법은 늘 현실보다 뒤쳐진다. 하지만 나쁜 놈들은 늘 법보다 빠르게 진보한다. 하물며 블록체인은 어떠하겠는가? 법과 제도가 아직 제대로 정비되지 않았으니, 나쁜 놈들과 나쁜 종목이 많은 것은 아주 당연한 일이다!

한 발짝 더 나아가, 흑우들의 무지몽매함을 이용해 고가 매수를 유도한 뒤, 그들이 스스로를 털어먹을 방법을 궁리하는 이들은 없어져야 할 악인들이다. 아직 이런 나쁜 놈들을 규제할 법이 없는 것과 별도로 나쁜 놈은 나쁜 놈이다. 이들과 비슷한 부류의 사람이 또 있다. 운전을 하다 보면 자동차 번호판을 의도적으로 가린 사람들이 있다 (진흙 따위로 번호판의 숫자 한두 개를 감추는 사람들). 이들은 정말 나쁜 놈들이다. 왜? 잡히기도 전에 책임을 회피할 궁리를 하는 사람들이기 때문이다.

하지만 정작 무서운 자들은 사악한 흑우들이다.

그들은 그들이 털렸다는 사실을 안다. 그래서 다른 흑우들을 털어먹기로 작정하고 기다린다. 누군가 그 과정 속에서 그들의 속셈을 알아채고 그들이 다른 흑우를 털어먹을 길을 가로막는다면, 그들은 온 힘을 다해 싸울 것이다.

만일 관심이 있다면 '난징 전보왕 사건'을 찾아보라. 스스로를 투자자라 칭하는 사람들이 다단계 사기에 참여하고 있다는 것을 알면서도 다음과 같은 생각을 했다는 것이다.

"우리가 엑시트하기 전에 앞에 있는 사람들이 망했다면, 우리가 폭탄 돌리기의 희생양이 될 것이 아닌가? 우리가 엑시트하기 전까지는 앞 사람이 망했다는 것을 숨기고 다른 희생자를 찾자!"

흑우가 얼마나 무서워질 수 있는지를 보여주는 사례다.

14장

그때 샀었더라면

. . .

흑우들에게는 환상이 하나 있다. 매일 매순간 차트를 쳐다보고 있노라면 이런 생각이 스쳐 지나간다.

"에휴! (지나간 고점을 바라보며) 여기에서 팔고, (지나간 저점을 바라보며) 여기에서 샀었어야 했는데!"

내가 당신을 잘 아는 것은 아니지만, 나 역시 처음 시장에 입문했을 때에는 비슷한 환상에 사로잡히곤 했다. 다른 초보 투자자 대부분 역시 같은 환상에 사로잡히곤 한다는 사실을 깨달은 것은 한참이 지난 후였다.

이게 왜 환상인지, 다음과 같은 표현을 일깨워 주고 싶다.

If Only (~하기만 했었더라면)

이는 일종의 후회를 표현하는 방법으로 사람들이 불편한 심정을 털어버리고 싶을 때 쓰는 표현이다. 뼈아픈 현실은, 과거를 바꿀 수 있는 사람은 없다. 하지만 흑우들은 이런 환상을 좀처럼 떨쳐내지 못하고, 지나간 과거에 대해 이렇게 했었더라면, 저렇게 했었더라면, 하며 때늦은 후회에 빠지곤 한다.

물론 초보가 이런 환상을 떨쳐내기란 쉬운 일이 아니다. 하지만 흑우는 아무리 시간이 지나도 여기에서 빠져나올 생각조차 하지 않는다.

이는 그들이 주워 섬기는 바, 시장을 조작하는 '세력'에 대한 이야기만 들어보아도 잘 알 수 있다. (물론 그들이 말하는 '세력' 역시 마찬가지로 일종의 환상이다.)

예를 들면 이런 식이다. "리샤오라이가 들고 있던 이오스를 5천 원에 전량 청산해 시장가를 떨어뜨린 후 1천 원에 다시 주워 모았다! 수익금이 무려 5배에 달한다!" (이는 2017년 8월에 뜬 실제 기사 내용이다.)

당시 이오스의 고점은 5천 원이었고, 저점은 1천 원이었다. 리샤오라이는 정말 엄청나네요! 고점에서 전량을 매도하고, 저점에서 다시 5분의 1가격으로 쓸어 담다니, 타이밍 파악이 아트의 경지인 듯!

물론 초보야 이런 오해를 할 수 있겠지만, 시장에서 보낸 시간이 꽤 지난 사람들까지 이러는 건 좀 문제가 아닌가? 시장에는 매순간 변하는 가격이 있지만, 동시에 그 시간, 그 가격대의 '거래량'이라는 것이 존재함을 절대 잊어서는 안 된다.

조금만 숨을 고르고, %K 라인을 잘 들여다보면 이해할 수 있을 것이다. 이오스 가격이 5천 원을 기록하던 2017년 8월 당시의 거래량은 매우 적었다. 사실 어느 시장에서든 '고점'과 '저점'에서의 거래량은 상대적으로 매우 적다. 최고점에서 팔 수 있는 액수는 상당히 적다. 계속 팔고 싶다면, 판매가를 낮추어야 한다. 마찬가지로, 저점에서의 거래량은 매우 적기 때문에, 계속 사려면 구매가를 높이는 수밖에 없다.

흑우들은 과거 자신의 그릇된 판단에 핑계를 대기 위해 이런 환상을 사용한다. 현재 벌어지고 있는 일들에 대해서도 환상에 사로잡혀 엉뚱한 결론에 다다른다. 그들의 그런 헛된 망상이 실제로는 전혀 벌어질 수 없는 일임도 모른 채….

그들이 제로섬 게임을 하고 있다는 착각 역시 마찬가지다. 자신이 돈을 잃었으니, 누군지 모를 '세력'이 돈을 벌었을 거라는 망상에 빠저 있지만, 그 '세력'이라는 사람들이 오직 자신의 망상 속에만 존재하는 허상임을 모르니, 자기들 머릿속에 있는 '세력'이 누구인지 찾아내고 싶어 한다. 그게 누굴까? 그 상황에서 돈을 번 사람은 뻔하지 않나? "리샤오라이지. 리샤오라이일 수밖에 없지"라고 하는 식이다.

당신이 스스로 연마하여 갈고 닦아 흑우의 운명에서 탈피하는 길을 걷게 된다면, 시장에서 고가에 팔고, 저가에서 사는 일은 매우 어려운 일이라는 사실을 자연스럽게 알게 될 것이다.

이유는 매우 분명하다:

고가와 저가는 대개 소액 거래자의 충동에 의해 형성되는 것이기 때문이다.

당신이 되어야 할 사람은 충동에 휩쓸리지 않는 신중한 사람이다. 충동적인 거래를 배제하자.

평범한 사람이 일상 속에서 때때로 이런저런 환상에 사로잡히는 것은 매우 자연스러운 일이다. 하지만 당신은 다르다. 당신은 환상에 사로잡혔을 때 그게 환상이라는 사실을 즉각 눈치채야 한다. 그러니 환상이 떠오르면 정신을 차려 망상을 떨쳐버리고 평정심으로 되돌아오면 된다.

15장

사람들은 그들이 점차 악해지는 것과 같은 방식으로 바보가 되어간다

. . .

사람들은 선할까 아니면 악할까? 나는 점점 사람들이 기본적으로 선하다는 믿음을 갖게 됐다.

사람들은 무지하게 시작해 점차 현명하게 되어가는 걸까, 아니면 현명하게 시작했다가 점차 바보가 되어갈까?

사실 사람들은 그들이 점차 악해지는 것과 똑같은 방식으로 점차 바보가 되어간다.

세상에 100퍼센트 악인이 존재하나? 그런 사람은 없다.

이는 내가 지난 몇 년간 깊게 생각해 왔던 화두이다. 왜냐하면 지난 10-20여 년 동안 마주친 수많은 사람 가운데 정말 싫었던 사람이 딱 한 사람 있었다. 내가 전자공업 출판사를 통해 낸 책이 한 권 있었는데, 베스트셀러의 반열에 오를 정도로 잘 팔리는 책이었다. 그런데 그 책 출판을 담당하던 직원이 출판사를 그만두면서 사적으로 그 책의 출판권을 가져가고 싶어 했다. 책의 판권이 해당 출판사에 있었고, 나는 당연히 그 부탁을 거절할 수밖에 없었다. 그 후로 그는 기회가 있을 때마다 나에 대한 험담을 하며, 사람을 고용해가면서까지 나에 대한 나쁜 평을 온라인에 도배하다시피 했다. 하지만 그래도 10-20년 세월 동안 만난 수없이 많은 사람 가운데 정말 싫어했던 사람이 그 사람 한 명뿐이었다면, 확률은 사실 매우 낮은 편이다.

젊은 시절 나는 상당히 내성적인 성격이었다. 하지만 이런 내성적인 성격을 극복하려 애쓴 끝에, 나이 서른이 넘어서부터 좋은 친구를 많이 사귈 수 있었다. (아직도 매우 사교적인 성격은 되지 못한다.)

내가 한 친구를 다른 친구에게 소개할 때, 다음과 같이 말하곤 하는데, 스스로 매우 자랑스럽게 여기는 부분이기도 하다.

"내 20년 된 친구인데…."

나는 이미 위챗 블로그에 친구를 만드는 일에 관한 "친구란 무엇인가"라는 두 편의 글을 쓴 경험이 있다.

하지만 나이 마흔 다섯이 된 지난 1년 동안에는 수없이 많은 '나쁜 사람'을 만났다. 배신, 사기, 중상모략, 이간질, 심지어는 함정까지…. 정이정(사람 이름)에서부터 이름을 다 열거하지는 않겠지만, 한 손으로 꼽을 수 없는 수많은 사람이 있었다. 이렇게까지 심하다니, 스스로에 대해 많은 회의가 들었다: 나에게 문제가 생긴 걸까?

오랜 생각 끝에 나는 두 가지 결론에 다다랐다:

1. 그런 사람의 비율이 늘어난 것은 아니라는 것이었다. 지난 한 해 동안 새롭게 만난 사람들의 수가 지난 10-20년 동안 만난 사람 전체만큼이나 많았기 때문이다.
2. 생각이 여기까지 다다르자 나는 놀랄 수밖에 없었는데, 세상에 100퍼센트 나쁜 사람이란 없고, 오직 '선한 사람'과 '부분적으로 악해진' 사람밖에 없다는 점을 발견했기 때문이다.

잘 생각해 보라. 당신은 100퍼센트 악한 사람을 만난 적이 있는가? 아무리 생각해도 내가 100퍼센트 나쁜 사람을 만난 적은 없다. 과거를 돌아보아도, 심지어 지나간 역사를 살펴보아도, 당최 찾을 수가 없었다. 살인자조차 그들의 딸을 지키려 했고, 강간자조차도 사랑이 있었다.

영화 〈색, 계〉가 다루고자 했던 내용이 이런 게 아니었던가?

그래서 나의 결론은 이렇다:

모든 사람은 선해지고 싶어 한다.

만일 나더러 "사람은 대체로 선하다"와 "사람은 대체로 악하다"라
는 두 가지 믿음 중 하나를 택하라면 전자를 택할 것이다. 부분적으
로 악할 사람은 있을지언정, 세상에 순수하게 악한 사람이란 없다
는 것이다. 10퍼센트 또는 20퍼센트 정도는 악할 수 있겠지만, 50퍼
센트까지 악하기는 힘들다. 왜냐하면 50퍼센트 이상 악하려면 가슴
에 지고가야 할 번뇌와 고통이 너무나도 크기 때문이다.

모든 사람은 착하고 싶어 한다. 하지만 사람들이 한 번 나쁜 결정
을 하면 또 다른 선택에 직면할 수밖에 없다:

실수를 인정하고 실수를 바로잡기 위해 노력하거나,
실수를 인정하지 않고 지나간 실수를 합리화한다.

실수를 합리화하는 것은 근본적으로 머릿속 회로를 바꾸는 일이
다. 하지만 실수를 합리화하는 사람이라 하더라도, 선한 의지는 남
아 있다. 탐관오리가 집에서 제 자식들에게는 착하고 선하게 살라

고 가르치는 것과 마찬가지다.

당신이 만일 세상을 '선한 사람'과 '나쁜 사람' 둘로만 나눈다면, 이런 분명하지 않은 개념이 당신이 하게 될 미래의 결정에도 영향을 미치게 된다. 그렇게 된다면 망상에 사로잡힌 그릇된 결정에서 비롯된 행동에 따른 결과의 부담을 필연적으로 지고갈 수밖에 없다. 그래서 나는 지금껏 만난 모든 사람에게 감사한다. 그들 덕에 결과적으로 더 성장할 수 있었기 때문이다.

만일 내가 이처럼 지속적으로 스스로의 OS(운영체제)를 업그레이드 해오지 않았더라면, 정이정의 행동을 이해할 수 없었을 것이다. 지난 몇 달간, 그녀는 가는 곳마다 내가 악마 투자자라는 험담을 해왔다. 하지만 그녀가 정작 무시해온 사실은:

- 그녀가 중국 본토에서 교육 프로그램을 운영해 번 돈이 지난 수년간 대만에서 번 돈보다 훨씬 많았던 것은 나의 도움이 컸다는 점.
- 내가 그 교육 회사에 투자하고서도, 일부러 지분을 40퍼센트에서 30퍼센트까지 줄이며 "괜찮고, 당신이 더 열심히 일해 더 많은 돈을 벌기 원한다"라고 말했다는 점.
- 대다수 OTCBTC의 유저들이 리샤오라이 커뮤니티로부터 왔다는 점.

2018년 초가 되기까지, 정이정은 나의 OCTBTC 수익금은 고사하고, 초기 투자금도 돌려주지 않고 있다. 만일 그녀가 나를 '악마 투자자'라 하고 싶다면, 돈을 번 후에는 최소 투자받은 돈을 되돌려 주어야 할 게 아닌가?

나는 스스로를 업그레이드하면서, 그녀가 했을 생각의 궤적을 따라가 보고야 그녀를 이해할 수 있게 되었다. 회사의 잠재 이익과 잠재 평가 가치가 크게 뛰기 시작하자, 그녀는 최초 합의된 지분 40퍼센트는 너무 크다고 판단했는지, 초기 투자자들과 합의된 이익을 함께 나누지 않기로 결정했다. 이런 결정과 행동에 뒤따른 것은 합리화였다. 하지만 여전히 그녀는 가슴속 깊숙이 부지런하고 열심히 일하는 '선한 사람'이고 싶었다. 남들뿐만 아니라 자기 자신에게도 스스로가 착하고 선량하며 정의롭다고 설득하고 싶었다. 하지만 그 결과는 생각 같지 않았다.

자신의 결정과 행동을 반성하지 않고 합리화한 만큼, 다음번에 비슷한 상황을 겪어도 그녀는 망설임 없이 비슷한 결정을 내리고 비슷한 행동을 취할 것이다.

만일 다음에 좀 더 극단적인 상황에 처한다면, 잘못된 결정의 비용은 적고, 충동은 더 높을 것이다.

그래서 솔직히 말해, 정이정이 스스로의 행동을 합리화하고 점점 더 나쁜 사람이 되어가는 것을 볼 때, 나는 그녀를 미워할 수 없다. 다만 동정을 보낼 수밖에 없다.

한 기자가 나에게 정이정과 다른 여러 사람에 대한 의견을 물은 적
이 있다.

"그들을 미워하시나요?"

나의 대답은 늘 같았다.

"아뇨, 별로 미워하지 않습니다. 첫째 시간이 없고, 둘째 안쓰럽습
니다. 한 번 잘못된 길로 들어서면 돌아올 길이 없거든요."

만일 내가 이런 '때때로 일어나곤 하는 일'에 대한 이해가 없었더
라면, 삶은 훨씬 더 어두웠을 것이다.

예를 들어 나는 사적인 대화를 노출하여 나를 나쁜 사람으로 만
든 사람들의 심리를 다음과 같이 오해했을 수도 있다. '수개월 전 대
화를 몰래 녹음하고, 몇 달이 지나 그 녹음 파일을 모종의 의도를 가
지고 전달했다. 그러고는 리샤오라이에 대한 나쁜 이미지를 만들었
을 거라고.'

하지만 정말 그랬을까? 아마 다음과 더 비슷했을 것이다.
그들은 나와 대화를 하면서 나를 선생으로서 존중하며 내가 이
야기한 내용에 가치가 있다고 믿어 녹음을 했을 것이다. 만일 그들

이 녹음을 하기 전에 동의를 구했더라면, 나는 아마 거절했을 것이다. 혹은 동의를 했었더라면, 유출된 버전은 아무런 실명 거론이나, 비속어를 쓰지 않은 클린 버전의 녹취록이 되었을 것이다.

나의 짐작에 그들에게 악의는 없었다. 친한 친구와 동료들에게 인사이트를 나누어주려는 순수한 시도였을 것이다. 하지만 그 녹취가 흘러 흘러 리샤오라이에게 악의를 가진 사람에게까지 전달되었을 것이라고 짐작한다.

그 결과, 전후맥락은 모두 생략하고, 하지도 않은 말(녹취에서 나는 "흑우"라는 단어를 단 한 번도 거론한 적이 없다)을 한 것으로 만들었을 뿐만 아니라, 시나웨이보 같은 메인스트림 미디어에 노출시키려 돈까지 쓰고, 사람을 고용하여 위챗과 텔레그램에 악의적인 단체 채팅방을 만들기도 했다. 소위 '피해 사례'를 수집하는 그룹을 만들어, 보고하면 정부에 신고를 하겠다고 하기도 했다. 수많은 사람을 조직하여, 날조된 허위의 '녹음 파일'을 첨부하여 정부에 익명의 투고를 날리기도 했다. 변호사들에게 다가가 리샤오라이를 감옥에 넣을 수만 있다면, 얼마가 들든 상관없다고도 했다.

최초 그 대화를 녹음한 사람들이 이 모두를 계획한 것은 아니다. 하지만 그들 역시 안됐기는 마찬가지다. 누가 마음을 놓고 솔직하게 속내를 털어놓을 수 있겠는가?

어떤 사람은 도청 방지 장치를 팔려고 했다. 또 어떤 이들은 더 악독한 음해 PR 서비스를 제안해 오기도 했다. 모두 거절했다. 똑같은 사람이 되기는 싫었기 때문이다.

지금까지 그래왔듯이 앞으로도 똑같이 나 자신으로 남고 싶다. 한 걸음 더 나아가, 이번 일 때문에 조금이라도 악해지는 자신을 용납하고 싶지 않다.

그런 사람들을 만난다면 "눈에는 눈, 이에는 이"와 같은 방식으로, 그들이 쓰는 '똑같은 방식'을 쓰고 싶지 않다. 왜냐하면 내가 그들과 같은 방식을 쓴다면, 설령 이긴다 하더라도 그것은 진 것이나 다름없기 때문이다. 왜냐하면 그들 때문에 내가 나쁘게 변한 것이기 때문이다.

이보다 더 나쁜 것은 "나는 좋은 사람이 되고 싶다"라고 하는 것조차 내게는 과분하다. 진정 내가 원하는 것은 '나쁜 사람이 되지 않는 것'이다.

어떻게 나빠지지 않을 수 있는가? 그것은 앞서 이야기한 것처럼 매우 쉬운 일이다. 내가 어찌 실수를 저질렀다면 오류를 정정하고, 엉뚱한 방식으로 합리화를 하지 않는 것이다.

사람이 바보가 되어가는 과정 역시 마찬가지다. 완전히 똑같다. 바보 같은 실수를 저지르고 나서는, 생각을 고치려고 열심히 노력하는 대신 합리화한다. 그렇게 사람들은 점점 더 바보가 되어간다. 지금까지 논했던 소위 흑우의 사고방식을 보여주는 사례는 차고도 넘친다.

그러니 당신이 바보가 되고 싶지 않다면, 딱 한 가지만 하면 된다.

바보 같은 일을 하나 저지르는 것까지는 괜찮다. 다만 실수를 발견했다면, 반드시 즉시 수정해야 한다. 그리고 절대 그런 바보 같은 실수를 합리화해서는 안 된다. 그러지 않으면 점점 더 바보가 되어 갈 뿐이다. 정말 무서운 것은 바보들은 외로울 일이 없다는 것이다. 전체 인구에서 바보가 차지하는 비율이 상당하고, 그들이 내는 목소리의 힘은 강력하기 때문이다. 만일 당신이 정신을 똑바로 차리고 경계하지 않는다면 고통 속에 있으면서도 행복한 줄 아는 바보가 될 것은 분명한 일이다.
모든 현명한 사람이 예외 없이 동의하는 관점이 하나 있다.

시간이 지나고 나서 과거의 당신이 바보처럼 느껴지지 않는다면, 그것은 당신이 정말 완전히 구제할 수 없는 바보가 되었다는 뜻이다.

브릿지워터의 레이 달리오는 이렇게 말했다:

고통 + 반성 = 성장

이와 같은 사고의 과정을 거치자, 내가 사람을 평가할 때 쓰는 단어가 바뀌기 시작했다. 내게 있어 "나쁘지 않다"라는 표현은 한 사람의 인성을 평가함에 있어 최고의 수식어가 되었다. 마찬가지로, "바보가 아니다"라는 표현은 한 사람의 지성을 평가함에 있어 최고의 수식어가 되었다. 이는 "착한 이들은 모두 똑같고, 나쁜 이들은 모두 다르다; 똑똑한 사람들은 모두 똑같고, 바보들은 모두 다르다"라는 문구와도 일맥상통한다.

참고: 〈사이언티픽 아메리칸〉지에 나온 기사를 하나 추천하고 싶다. 기사의 제목은 "The Dark Core of Personality"이다. 여기에서 D-Factor라는 개념에 대해 배울 수 있다. 주소: https://blogs.scientificamerican.com/beautiful-minds/the-dark-core-of-personality/

16장

리스크/보상비를 높일 수 있는 올바른 방법

• • •

시장에 들어선 투자자들에게 부족한 것은 고통이 아니다. 고통은 지천에 널려 있기 때문이다. 그들에게 부족한 것은 딱 하나다. 바로 '반성'이다.

고통과 반성이 있다면 그 뒤에는 늘 성장이 따른다. 초보가 흑우 신세를 면하려면 매일 매순간을 되돌아보고 반추해야 한다. 반추하고 또 반추해야 한다.

당신은 시장에 리스크를 껴안고 들어왔다. 보장된 것은 아무 것도 없다. 그럼 무엇을 해야 할까? 혹은 다른 말로, 리스크/보상비를 바르게 줄일 수 있는 방법은 무엇일까?

리스크/보상비 = 잠재 위험 ÷ 잠재 보상

이런 간단한 공식에서 무슨 대단한 게 있어서 이런 말을 하는 걸까? 오랜 시간 뚫어지게 쳐다보며 생각의 나래를 펼치는 것만이 대상에 대해 깊이 궁리할 수 있는 유일한 방법이다. 천장을 오랜 시간 쳐다보고 있노라면, 그 전까지는 볼 수 없었던 새로운 패턴을 발견하게 되는 것과 마찬가지다. 깊은 사고는 대부분 대상을 오랫동안 관찰하는 것에서 시작된다. 데카르트가 좌표축 시스템을 발명한 방법이다. 궁금하다면 검색 엔진에서 데카르트의 이야기를 찾아보라.

공식을 들여다보고 있으면, 리스크/보상비를 줄일 수 있는 방법은 두 가지밖에 없음을 알게 된다. 분모를 늘리거나, 분자를 줄이는 것이다.

분자를 줄이는 방법은 다음과 같은 것이 있다.

- 손절선을 조절하여, 리스크 부담액을 줄인다.
- 전체 보유 자산에서 개별 거래가 상대적으로 차지하는 액수를 줄인다.
- 시장 바깥에서 돈을 벌 수 있는 역량(또는 자금 동원력)을 증가시킨다.

그 밖에 무엇이 더 있을 수 있을까? 생각해 보라. 이런 항목들
은 당신의 행동을 수정할 때 반영하기에 부족함이 없는 것들이다.

그렇다면 분모를 증가시킬 수 있는 실질적인 방법은 무엇일까?

- 보다 질이 좋은 거래 종목을 택한다.
- 가장 기회가 큰 거래 타이밍을 포착한다(예를 들면, 몇 번에 걸친 가
  파른 하락 직후).
- 보유 기간을 늘인다(한 번 이상의 상승/하락장 사이클을 지나갈 때
  까지).

사람마다 모두 선호가 다르고, 모두 다른 경험과 욕구를 가지고 있
다. 그래서 정답이 없다. 앞에 나열된 방법들이 유일한 것이 아니다.
나에게 의미 있는 방법을 단순히 나열한 것에 지나지 않는다.

내가 주로 쓰는 방식을 요약하자면 다음과 같다:

- 분자를 줄이기 위해, 시장 밖에서 돈을 벌 수 있는 역량을 지속적으
  로 늘리고, 투자한 돈은 잃은 셈 친다.
- 분모를 늘리기 위해, 한 번 샀으면 가격에 상관없이 한 사이클 이상 그
  대로 두며 가급적이면 손대지 않는다.

하지만 나의 이런 선택에 전제가 따른다는 것을 발견한 것은 몇 년이 지나고 나서였다.

나의 일상 소비 지출은 꽤 평범하다. 돈을 많이 쓰는 축이 아니다. 시장에 들어서기 전에도 이미 꽤 부유한 중산층에 속했다. 이것이 의미하는 것은 내가 시장에 들어섰을 때, 다른 사람보다 돈을 캐시 아웃해야 할 압박을 훨씬 덜 받았다는 뜻이다. 분자가 점점 작아지고, 분모가 점점 커지는 선순환이 가능했던 것은 이런 여건을 갖춘 까닭이다.

어쨌든 당신의 목표는 분명하다. 당신의 분모가 상대적으로 크다면, 당신은 더 이상 "흑우"가 아니다. 흑우의 저주를 탈출한 것이다. 흑우의 저주를 탈출하는 것은 전적으로 당신의 선택에 달려 있다. 당신이 해냈다면 다른 흑우에게 가서 전해주시라. 그들이 당신을 믿을까? 내 경험으로부터 나온 조언을 해준다면, 그들은 절대 당신을 믿지 않을 것이다. 당신도 때가 되면 알게 될 것이다.

17장

초기 투자는 아무나 할 수 있는 것이 아니다

• • •

한쪽으로 쏠려 생각하는 것은 흑우들이 저지르는 흔한 실수다. 믿기 힘들다면 한번 두고 보라.

초기 투자란 정말 어려운 일이다. 하지만 대다수의 사람들은 이를 잘 모른다. 그들은 초기 투자자들이 거둔 커다란 수익이라는 결과를 보고 부러워하지만, 그 이면의 진실은 알지 못한다.

첫째, 성공하는 초기 투자 프로젝트보다 실패하는 프로젝트가 훨씬 많다.

내가 2011년부터 비트코인을 매집하기 시작했다는 것은 앞에서 이미 보았을 것이다. 2015년 말, 이더리움이 처음 나왔을 때, 나는 이더리움에 대해 그리 낙관적으로 보지 않았다. 그의 파트너 라오마오는 기회를 잡았다. 2017년, 나는 EOS의 시드 라운드를 놓쳤지만, 엔젤 라운드에 들어갔다. QTUM, ZCash, SIA, ZXS, XIN, MOB 등에도 투자했다.

나는 라오마오의 책 블록체인 투자 노트(Blockchain Investing Notes)를 이미 몇 번이나 읽었다.

나는 주로 온라인에서 생활하기에, 투자한 프로젝트 가운데 실패한 프로젝트를 일부러 숨기지 않는다. 만일 당신이 내가 투자한 모든 프로젝트를 열거한다면, (숨기진 않지만, 굳이 여기저기 떠벌리고 다니기에는 부끄러운 것이 사실이다.) 그 결론은 분명하다. 실패한 프로젝트가 성공한 프로젝트의 열 배는 족히 넘는다는 사실이다!

둘째, 초기 프로젝트에는 큰돈을 투자할 수 없다.

이는 많은 사람들이 생각해본 적이 없는 지점이다. 피터 티엘이 페이스북에 투자했을 때 그는 초기 엔젤 투자자였다. 하지만 그가 투자한 액수는 고작 50만 불(약 5.5억 원)에 지나지 않았다. 그는 더 많은 지분을 원했지만, 원하는 만큼 투자할 수 없었다. 스타트업에 너무 많은 지분을 투자하면, 그 끝은 대부분 좋지 않다. 믿을 수 있겠는가? 돈을 너무 많이 주면, 당신의 지분율이 높아진다. 감히 창업자 자신의 의욕을 꺾을 만큼 지나치게 많은 지분을 가져가서는 안 되는 것이다.

더 중요한 것이 하나 있다. 그들이 '초기 프로젝트'이기 때문에, 초기 투자는 필연적으로 장기 투자가 될 수밖에 없다는 점이다.

페이스북이 상장되기 한참 전, 피터 티엘은 그가 가진 주식을 단 한 주도 팔 수 없었다. 사고 팔수 없었으니, 상장 전까지 그의 지분은 어디까지나 장부에 존재하는 숫자에 불과했을 뿐이다.

나는 2011년 하반기와 2012년 상반기에 많은 비트코인을 사들였다. 2013년 4월 1일이 되자 비트코인은 저점 1달러에서 몇 달 만에 100달러를 기록했다. 내가 많은 돈을 벌었으리라 생각할 수 있겠지만, 그렇지 않았다. 당시 거래소는 거래 볼륨이 너무 작았다. 대다수 거래소들은 대개 자전 거래로 거래량을 부풀려 보이는 것이 흔한 일이었다. 그런 까닭으로 나는 보유했던 비트코인을 원하는 만큼 팔 수 없었다. 만일 그랬다면 시장을 붕괴시켰을 것이다. 아주 무서운 지경까지 갈 수도 있었다. 그래서 그런 '뜬 수익'은 나에게는 마치 천장에 걸어놓은 고등어처럼 그저 화면에 뜬 숫자를 바라보며 행복해할 수밖에 없는 실체가 없는 것이었다. 사람들이 얼마큼이든 자유롭게 비트코인을 사고 팔 수 있게 된 건, 2017년이 지나고 나서였다. 하지만 이 모든 것이 나에게는 그다지 의미 있는 일이 아니었다.

애초에 쓰는 돈이 얼마 없었기 때문이다.

페이스북이 상장됐던 2012년 2월 2일을 다시 한 번 상상해 보자. 상장한 지 채 하루가 되지 않아 페이스북의 주가는 -11퍼센트의 폭락을 기록하며 상장가 밑으로 떨어졌다. 당신이 폭락 전에 페이스북을 사서 털렸다고 생각한다고 치자. 만일 그때 당신이 주식을 팔지 않고 지금까지 들고 있었더라면, 지금쯤 당신은 몇 배의 수익률을 기록하고 있을까?

요점은 바로 이것이다. 페이스북이 막 상장되었을 때, 페이스북은 더 이상 초기 투자 프로젝트가 아니게 되었고, 시장에는 비교할 수 없을 만큼 큰 유동성이 있었다는 점이다.

당신은 당신이 원하는 만큼 페이스북 주식을 마음대로 살 수 있었다. 피터 티엘에게 주어진 50만 불의 한계 같은 상한선이 없었다.

흑우의 생각은 한쪽에만 쏠려 있다. 그들은 오직 '주당 가격'만을 보고 섣불리 '이미 너무 비싸다'라고 결론을 내린다. 그들은 늘 '싼' 것을 찾고, 늘 '좀 더 이른 기회'를 찾는다. 바로 이런 사고방식이 흑우가 스스로를 털리게 하는 낮임을 아는 사람은 많지 않다.

다시 말하지만, 초기 투자는 아무나 할 수 있는 것이 아니다. 개인적인 관계는 차치하고서라도, 대부분의 사람은 충분한 자본 구성을 보유하고 있지 않다. 초기 투자에는 대단히 큰 리스크가 따르며, 대부분의 프로젝트는 실패한다. 따라서 투자자는 최소 50개 내지는 100개 이상의 프로젝트에 투자할 수 있는 여력을 가지고 있어야만 한다. 이 말의 뜻은, 한 프로젝트에 5억 원을 투자하려면 최소 500억 원을 가지고 있어야 한다는 뜻이다. 만일 당신의 판단력이 남들보다 두 배는 낫다 하더라도 각 프로젝트에 5억씩 투자하려면 최소 200억 원이 있어야 한다. 그렇지 않은가?

일개 흑우가 이런 조건을 갖추었을 리가 없음은 자명한 일이다. 그들에게는 자격이 없다. 하지만 그들은 그냥 한다. 그들의 리스크는 무한대에 수렴한다.

흑우는 절대 초기 프로젝트에 투자해서는 안 된다. 이런 기회에 손을 대려면 최소 어느 정도 이상의 자본력을 갖추고 있어야 한다. 그렇지 않다면 털리고 또 털리고 말 것이다.

18장

당신이 배워야 할 것은 종목 분석이 아니다

. . .

무엇을 배우는 것은 어디까지나 배운 것을 '써먹기 위함'이다. 문제는 어떤 능력은 배우는 데 오랜 시간과 노력이 필요하다는 점이다. 하지만 시간이 없다면 어떻게 해야 할까? 만일 어떤 능력을 배우는 데 너무 많은 시간과 노력이 필요하다면, 옳은 결론은 '그저 배우는 것'이 아니라, '배우되 서둘러 써먹으려 하지 않고, 써먹을 수 있을 때까지 기다리는 것'이다.

하지만 '바로 실전에 써먹을 수 있는' 능력도 있다. 무언가를 배우는 일에 소질이 있는 사람들은 사실 해당 능력이 지닌 속성을 잘 분별해내는 사람이다. 그들은 바로 써먹을 수 있는 일과, 배우는 데 오래 걸리는 일이 어떤 것인지 잘 구분해 낸다.

실제로는 기계적인 '복사-붙여 넣기'일 뿐이면서 소위 종목 분석, 또는 프로젝트 분석 등에 매달리는 사람들은 사실 전종수가 이야기하는 시골에서 패션을 연구하는 소녀와도 비슷하다. 그들은 시간과 에너지를 쏟아붓지만, 그 결과물은 어처구니없는 복제물일 뿐이다.

이런 데 시간을 허비할 필요는 없다. 종목이나 프로젝트에 대한 안목을 키우는 것은 오랜 기간에 걸친 관찰과 반추, 자기 부정을 통해서야 얻어질 수 있는 능력이다. 때문에 분별없이 이런 일에 시간을 허비해서도 안 되고, 분별없이 되지도 않는 깜냥으로 이런 능력을 발휘해서도 안 된다. 이는 인내력을 가지고 최소 3년 이상은 연마해야 할 내공이다.

그렇다면 바로 써먹을 수 있는 능력과 기술로 배워야 할 것에는 무엇이 있을까?

내 마음 같아서는 "시장에 들어왔으면, 최소 1년 이상 관찰한 후 첫 거래를 하라"라고 말하고 싶지만, 나에게는 이런 말을 할 기회가 없다. 왜냐하면 이 말을 들을 수 있는 거의 모든 사람이 이미 시장에서 털린 후이기 때문이다.

하지만 바로 써먹을 수 있는 기술이 하나 더 있다. 배우는 데 시간이 그리 오래 걸리는 것도 아니다.

거래량이 가장 큰 종목 2-3개만을 구입하는 것이다.

이는 일종의 지혜다. 스스로의 판단은 일단 접어두고, 시장의 지성을 믿어보라. 시장이 당신의 선택을 도왔다. 그렇다면 쭉 믿고 따라가 보는 것은 어떨까?

이를 이해하고 실천하는 것은 어려운 일이다. 한편으로 스스로를 계속 연마해야 한다. 혹은 최소 스스로 바보가 되는 일은 막아야 한다. 그리고 다른 한편에서는 당신의 판단은 내려놓아야만 한다. 모순 아닌가?

아마 이 지점이 사람들이 '투자란 인간의 본능을 거스르는 행동'이라고 잘못된 결론을 내리는 이유가 아닐까 싶다.

하지만 사실 이것은 전혀 모순이 아니다. 인간의 본성에 역행하는 것도 아니다.

초심자니 지혜가 부족하고, 지혜가 부족하니 잠시 내려두고 점차 성장시키는 것이 맞다. 스스로의 생각을 잠시 옆으로 밀어두는 것은 자기만의 생각을 아주 버리라는 것이 아니다. 시장에는 지성이 있다. 그리고 이 시장의 지성은 대부분 당신의 지성보다 낫다. 믿기 어려운가? 당신의 판단력이 더 성숙해질 때쯤 이 말을 이해할 수 있을 것이다.

따라서 이를 실천하는 것은 인간의 본성에 역행하는 것이 아니다. 사실 그 반대다. 과거의 당신이 배우는 습관과 방법을 충분히 개발시키지 못했을 따름이다. 과거의 당신은 지식을 실제로 적용하기 전까지 완벽하게 체득해야만 한다고 믿었다. 당신은 세상에 바로 실전에 쓸 수 있는 것이 있는 줄도 몰랐고, 실제 이렇게 하는 것이 가장 좋은 선택이라는 것도 몰랐다.

당신에게 들려주고 싶은 이야기가 하나 있다. 이 이야기가 감흥을 줄 수 있을지 한번 읽어 보라.

한때 상하이 증시에는 '상종가 자살특공대'라는 투자자 집단이 있었다. 그들의 방식은 꽤 간단했다. 상종가를 칠 것 같은 종목을 발견하면 매수했다. 이튿날 상종가를 치면, 셋째 날 개장과 동시에 매도했다. 그 종목이 이튿날 장 마감까지 상종가를 치지 못하면, 장 마감 전에 팔았다. 그들은 이렇게 간단한 방법으로 10년이 넘는 기간에 수만 배의 수익을 거두었다. 누가 얼마를 벌었는지는 아무도 모른다.

그들은 매우 솔직했다. "우리는 책 안 읽습니다. 우린 그냥 바보입니다. 생각도 안 해요. 봐도 모르거든요. 어떤 주식이 상종가 근처에 갔다면, 시장이 우릴 대신해서 생각해 주었다는 뜻이니까요. 우린 그저 실천했을 뿐입니다!"

이 방식을 고스란히 따라 해서는 당연히 안 된다. 하지만 이들의 사례에서 당신은 어떻게 흑우가 흑우 신세를 면할 수 있는지 알 수 있다. 이들은 손절 전략을 가지고 있었고, 익절 전략을 가지고 있었다. 하지만 무엇보다 중요한 것은 그들 자신의 좁은 생각을 내려놓을 수 있는 지혜와 용기를 가지고 있었다는 점이다.

잠시 동안 자신만의 생각을 내려놓는 것이 쓸모 있다는 사실을 지지하는 시장의 법칙이 하나 더 있다:

거래 시장에서는 빠르게 오르는 종목은 더 빠르게 오르고, 떨어지는 종목은 더 빠르게 떨어진다. 따라서,

- 모든 것이 오를 때에는, 가장 빠르게 오르는 종목을 골라야 한다. 왜냐하면 확률적으로, 혹은 시장의 지혜가 말해주길, 바로 그 종목이 더 오를 가능성이 더 많기 때문이다.

- 모든 것이 떨어질 때에는, 가장 덜 떨어지는 종목을 골라야 한다. 왜

냐하면 확률적으로, 혹은 시장의 지혜가 말해주길, 바로 그 종목이 하락 저항성이 강하기 때문이다.

투기를 하라고 가르치는 것 아니냐고 반문하는 독자가 있을지 모르겠다. 하지만 걱정 마시라, 어느 시점에 이르면 당신도 나름의 철학을 가지게 될 테니까. 다만 당신이 경험과 지혜가 부족한 초보라면, 자신의 부족한 판단은 내려놓을 줄도 알아야 한다는 것이다. (이는 생각과 기술을 연마하길 멈추라는 뜻이 아니라는 점도 명심해야 한다.)

흑우들을 관찰해 보면 당신 스스로가 얼마나 더 나은지 금방 확인할 수 있다. 그들의 생각은 %K 라인에 따라 날뛴다. 그들의 베팅이 두 배가 되든지 말든지 상관없이(?), 가격이 오르면 금방 오만해진다. 가격이 내리면 가족을 잃은 강아지 꼴이 되고 만다. 그들처럼 되고 싶은가? 저 멀리서 "아니"라는 말이 들리는 것 같다.

19장

흑우에게는 일상도, 성생활도 없다

. . .

2013년 나는 북경의 한 창업 카페에서 강연을 한 적이 있다. 강연 맨 마지막 5분께 나는 청중들에게 '제대로 된, 사람다운 일상을 살아가는 것'의 중요성을 설파한 적이 있다.

7년이 지난 오늘 검색 엔진에서 "blockchain sex life"를 검색한 후, 첫 페이지 첫 링크로 뜨는 글을 한번 읽어보라. 그 내용은 농담이 아니다. 실제로 벌어지는 일들이다.

초보가 흑우 신세를 면하기 위해 해야 할 가장 중요한 것 중 하나는 거래 빈도를 줄이는 것이라고 강조한 바 있다.

보기에는 쉬워 보이지만, 이를 실제 행동으로 옮길 수 있는 사람은 많지 않다. 왜일까?

왜냐하면 우리는 모두 인간이고, 인간이란 유전자 그 자체가 변화에 주목하도록 설계되어 있기 때문이다. 일상생활에서도 마찬가지다. 우리는 멈추어 있는 것에는 관심이 없고, 움직이는 것들에 관심을 가진다. 애완동물을 기르는 사람들이 화초를 가꾸는 사람보다 많은 것도 아마 이 때문일 것이다.

초보가 시장에서 %K 선이나 쉴 새 없이 널뛰는 다른 지표들에 신경을 빼앗기는 것은 어찌 보면 당연한 일이다. 그런 점에서 상하이 증권 거래소에서 투자하는 중국 투자자들은 복을 받은 것인지도 모르겠다. 개장 시간도 늦고, 점심시간도 두 시간이나 된다. 문도 일찍 닫는다. 그래서 숫자를 들여다보고 앉아 있으려 해도, 하루 동안 실제로 차트를 보고 있을 수 있는 시간은 몇 시간에 지나지 않으니, 남는 시간에는 할 게 없다. 상하이 증권 거래소에 있는 투자자들 중에 성생활이 없는 사람 이야기를 들을 수 없는 것은 바로 이 때문이다.

하지만 암호화폐 시장은 다르다. 암호화폐 시장은 24시간 365일 쉬지 않고 움직인다. 어느 한 거래소가 잠시 가동을 멈출 수는 있어도, 이를 대체할 수 있는 거래소가 최소 1만 개는 있다. 증권 투자자는 거래소를 1-2곳 이상 쓰지 않는다. 하지만 암호화폐 투자자들이 5-6개 거래소에서 거래를 하는 것은 지극히 평범한 일이다. 심지어는 자기 컴퓨터에 5-6개 모니터를 붙여 모든 거래소 차트를 보고 싶어 하는 흑우도 있다.

도대체 무엇이 그들의 일상(심지어 성생활까지)을 앗아가 버린 걸까? 암호화폐일까? 암호화폐가 그 주된 장본인인 것처럼 보일 수도 있겠지만 이는 사실이 아니다. 그들의 일상을 앗아간 것은, 바로 FOMO, 즉, "Fear of Missing Out"이다.

FOMO는 남들은 다 참여하는 파티에 혼자 초대받지 못했을 때 느끼는 조급함과 불안함, 그리고 거기에 섞인 소외감을 뜻하는 표현으로, 대중의 심리 기저에 강하게 자리 잡고 있는 감정이다. 밑으로 떨어지면 떨어질수록 더욱 강력하게 이 감정에 사로잡히게 된다. 피라미드 사기범들이 단톡방에서 어떻게 사람들을 현혹하는지를 보면 잘 알 수 있다.

"이미 XXX를 놓치셨네요, YYY도 놓치셨고요. 이젠 ZZZ마저도 놓칠 셈인가요?"

기회가 없는 사람일수록 이런 문구에 현혹되기 쉽다. 당신이 기회 부족에 허덕이지 않는 사람이라면, 비트코인 가격이 치솟았다 해서 불안함을 느끼겠는가? 아마 그러지 않을 것이다. 다른 기회가 늘 있는데, 불안해할 필요가 없지 않은가.

2018년 춘절 기간에, 어떤 사람들이 '새벽 3시'라는 제목의 단체 채팅방을 만들었다. 그들은 잠도 자지 않고 새벽 3시에도 채팅을 이어갔다. 부지런한 사람들이라면 아침을 맞을 시간에 채팅을 이어가는 것이다. 주제는 종횡무진이었다. 역사, 수학, 정치, 공학, 등등, 단톡방에 있는 이들은 다른 사람들은 알아듣지 못하는 난해한 경제학 용어를 남발했다(대개는 피상적이고, 심지어는 틀리기까지 한). 그들은 정말 그런 대화에 신이 났었을까? 다른 관점에서 그들을 이해해 보면, 그들은 사실 또 다른 FOMO의 희생양일 뿐이다. 이런 사람들은 매 시장 사이클마다 빠지지 않고 등장한다. 나는 이미 수많은 상승장과 하락장을 지나왔다. 그래서 나에게는 그런 상황과 그런 부류의 사람들을 보는 것이 낯선 일이 아니다. 그들이 하는 말은 사실 지난 사이클에서 같은 짓을 하다가 떠난 사람들이 했던 말과 행동을 고스란히 반복하는 것에 지나지 않는다. 매번 다른 것이라곤 하나도 없다. 하지만 그들은 마치 새 세상이라도 발견한 것처럼 똑같은 짓을 반복한다.

하지만 그들이 직시해야 할 것은 그들이 이미 시장에 들어왔다는 사실이다. 더욱 무서운 사실은 그들이 FOMO에 사로잡혔다는 점이다. 그럼 어떻게 해야 할까?

치열하고 성실하게 삶과 일상을 꾸려나가야 한다!

삶을 구성하는 요소에는 많은 것들이 있다. 내가 나의 행동을 고치고 싶어 적용했던 한 가지 방법이 있다. 종이와 펜을 꺼내 인생에서 중요한 것이 무엇인지를 쭉 적어 내려갔다. 예를 들면, 그 가운데 하나는 친구였다. "친구"라고 적고는 어떻게 하면 친구들과의 관계를 강화할 수 있을지를 생각했다. 친구들과의 관계를 발전시키는 여러 가지 방식에 대해 생각하면서 발견한 것은 '좋은 음식'을 함께 먹는 것이 매우 중요하다는 점이었다. 그래서 나는 시간이 날 때마다 맛집을 찾아 곳곳을 뒤지고 다닌다. 여러 곳을 시도해 보고 정말 괜찮은 곳이 있다면, 친구와 함께 가는 것이다.

만일 당신이 독서를 즐긴다면 책을 사서 읽으라. 피아노 치기를 좋아한다면 맘에 드는 곡을 연습하라. 영화 보기를 좋아한다면 홈시어터 장비를 구비하는 것도 나쁘지 않다. 일상에서 즐거움을 찾는 법을 배워야 한다. 그리고 일상에서 즐거움을 찾기를 '잘' 할 줄 알아야 한다. 이것이야 말로 진정한 '투자 고수'들이 가져야 할 덕목이다. 이것이 어쩌면 투자 판단보다 100배 이상 중요한 자질일지도 모른다. 나에게 있어서는, 책과 글을 쓰는 것이 생활 속에서 즐거움을 찾는 주된 방법이다.

만일 당신이 일상에서 기쁨을 찾는 데 능숙하지 않다면, 성실하게 삶을 꾸려나가는 데에 시간을 쓰지 않는다면, 당신이 투자 빈도를 줄이는 것은 영영 불가능한 일이다. 그러면 당신은 ´흑우처럼 하루 종일 차트나 쳐다보고, 연인과 함께하면서도 핸드폰이나 쳐다보는 불쌍한 사람이 되고 말 것이다. 그리고 그렇게 보낸 세월이 너무 길어지면 당신은 곧, '늙은 흑우'가 되고 말 것이다.

20장

성공하는 투자자의 가장 큰 덕목은
바로 고독이다

. . .

당신은 초보가 되어도 좋지만, 흑우가 되어서는 안 된다. 한 번은 털릴 수 있겠지만, 두 번 털려서는 안 된다. 당신이 계속 털리기만 하는 흑우가 되는 것은 아무도 원치 않는다. 그러기 위해 당신이 해야 할 것이 하나 있다.

바로 고독한 투자자가 되는 것이다.

고수는 자기가 '옳은' 사람이 되는 것에 그다지 집착하지 않는다. 왜냐하면 옳은 소리는 누구나 할 수 있기 때문이다. 옳은 소리를 하는 것은 그리 어려운 일이 아니다. 어려운 것은, 남들과 다르게 옳은 것이다. 오직 '관습과 평범을 뛰어넘는 옳음'이야말로 커다란 가치를 만들어 낸다.

사람들이 비트코인을 무시할 때 당신은 비트코인을 샀다면, 시간이 지나 사람들이 비트코인은 죽었다고 했을 때에도 당신은 팔지 않았다면, 당신은 옳았다. 이때 당신은 '관습과 평범을 뛰어넘는 옳음'을 보여준 것이다. 그러했기에 당신은 남들과는 비교할 수 없는 수익을 거두었다. 2017년 9월, 중국 매체들은 일제히 "EOS, 헛된 약속으로 50억 달러 끌어들여" 따위와 같은 제목으로 EOS에 대한 혹평을 쏟아냈다. 하지만 당신이 조용히 매집을 이어갔다면, 2018년 6월, EOS 메인넷이 런칭되었을 때도 당신은 팔지 않았다면, 당신은 옳았다. 이 경우에도, 당신은 '관습과 평범을 뛰어넘는 옳음'을 보여준 것이다. 그리고 후에 들어온 사람들이 '폭등과 폭락'을 거듭하는 가격을 지켜보고 있을 때, 당신은 열 배 이상의 수익을 올렸을 것이다. 온 세상에 어떤 종목에 대한 광풍이 밀어닥칠 때 모든 사람이 옳다면, 그 옳음에는 그리 큰 가치가 없다. 그렇지 않은가?

가격을 만드는 것은 '컨센서스'(합의)다. (가격이 반드시 가치를 의미하지는 않는다.) 이는 암호화폐 업계에 있는 흑우들이 늘 하는 말이다. 하지만 당신이 이해해야 할 것은 이 말이 어디까지나 시장 거래가에 의해서만 결정되는 것이란 점이다. 다시 말해, 일부만 옳은 말이다. 관점을 바꾸면 완전히 다른 결론을 얻게 된다. 보는 각도에 따라 산의 모양이 달리 보이듯, '컨센서스'의 대부분엔 그다지 큰 가치가 없다.

나는 앞서 "초보라면 스스로의 판단은 잠시 내려놓으라"고 조언한 바 있다. 내가 지금 이야기하는 것은 초보가 시간이 좀 지나 스스로 생각하고 연구하고 좋은 판단을 내릴 수 있는 능력이 되었을 때에 대한 이야기다.

한 친구가 자기의 판단 기준에 대해 이야기해 준 적이 있다.

- 다른 대부분의 사람이 하는 이야기를 들어라.
- 소수 의견을 경청하라.
- 자기만의 결정을 내려라.

여기에서 "다른 대부분의 사람들이 하는 이야기를 들어라"라고 했을 때, "들어라"는 그들을 따르라는 것이 아니다. 그들이 어떻게 하는지를 참고하라는 것이다. 시장에서 살아남기를 원한다면, 이는 잊어버려야 한다. 대다수 사람들이 하는 이야기를 듣는 것은 거기에 많은 잡음이 끼어 있는 것만큼 대단히 피곤한 일이다. 새로운 인사이트가 있는 것도 아니다. '대부분'의 사람들은 했던 말을 하고, 또 하며 반복할 뿐이다. 한 무리의 사람들이 떠나면 또 다른 한 무리의 사람들이 들어온다. 사람이 바뀌어도 그들이 하는 이야기는 똑같다. 뉴스에 시간 낭비할 필요 없다. 글을 쓰는 대다수 기자들은 대개 자기 전문 분야에만 매몰되어 있기 때문이다.

결국 당신은 다음 두 가지만 유념해 두면 된다는 사실을 깨닫게 될 것이다:

- 소수 의견을 경청하라.
- 자기만의 결론을 내려라.

시간이 지남에 따라 당신의 생각도 깊어진다. 당신의 수준이 높아짐에 따라 경청할 만한 그 소수마저 사라지고 주위에는 아무도 의견을 나눌 만한 사람이 없어진다. 결국 당신 혼자 남는다. 이를 피할 방법은 없다. 그래서 당신에게 마지막 순간에 남는 것은 하나다.

자기만의 결정을 내리는 것이다.

이때쯤 되면, 당신의 생각과 사고는 이미 충분히 여물었고, 아마 적지 않은 부도 쌓았을 것이다. 처음으로 외로움을 느낄 것이다. 하지만 그 외로움은, 마치 당신이 작은 마을에 살다가 근처에 있는 숲속에 집을 짓고 이사를 갔더니, 집이 크진 않아도 온 숲이 마당처럼 느껴지는 것과 비슷하다. 속세에서 떨어져 있지만, 새나 동물의 소리와 같은 다른 소리들을 듣게 된다.

시간이 지나 당신은 당신의 일과 삶을 조직하는 자기만의 방법론을 구축한다. 예를 들어, 투자는 오롯이 자기만의 영역을 남겨 놓되,

일상은 주위 사람들과 공유한다. 좋은 관계를 만들고 삶을 다채롭게 추구한다. 삶의 작은 한 부분에 대해 고독을 택하는 것은 그리 나쁜 것이 아니다. 오히려 즐길 만한 것이다.

사실, 만일 당신이 어떤 한 분야에서 최고의 성취를 내기를 바란다면, 고독해지는 법을 배워야 한다. 사람들은 저마다 다른 방식의 '고독해지는 방법'이 있다. 내 경우에는 시내를 운전한다. 딱히 운전을 즐기는 것은 아니지만, 운전하는 그 시간만큼은 철저히 혼자가 될 수 있기 때문이다. 차 안은 깨끗하고 조용할 뿐만 아니라, 운전을 하고 있으면 전화를 거절할 다른 핑계를 찾을 필요도 없기 때문이다. (핸드폰 제조사들은 이동 속도가 너무 빠를 때에는 전화를 자동적으로 거절하는 기능을 넣어도 좋을 것 같다.) 테슬라의 자동 운전 시스템이 있으면 더더욱 좋다. 나의 많은 생각과 판단과 결정은 차 안에서 만들어진다. 차 안에서의 홀로 된 시간이야말로 최고의 생산성을 누리는 시간이기 때문이다.

홀로 된 시간을 잘 보살펴야 한다. 이는 중요하다.

거래자라면 반드시 새겨야 할 중요한 원칙은, 스스로의 결정에 대해 책임을 지는 것은 바로 자기 자신이라는 점이다. 성공했다면 그 성공의 열매는 당신의 것이다. 실패했다면 그 실패의 책임 역시 당신의 것이다. 당신의 돈으로 당신이 결정하여 얻은 결과이기 때문이다. 그 과정 속에서 얻은 모든 경험과 교훈 역시 당신만의 것이다. 이는 남들에게 전파하기 어렵다. 왜냐하면 남들은 당신이 아니기 때문이다. 자신만의 역사와 선호와 역량을 가진 다 다른 사람들이기 때문이다.

결국 당신은 당신의 고독의 정도와 당신의 성공의 크기가 정비례한다는 사실을 알게 될 것이다. 만일 고독이 두렵게 느껴진다면 혹우가 될 생각도 하지 말아야 한다. 즉시 시장을 떠나라. 시장은 고독이 두려운 당신에게 안전한 곳이 아니다.

---- **21장** ----

일상 가운데 일과 학습을 더하라

• • •

흑우들이 원하는 것은 거래, 더 많은 거래뿐이라는 사실을 이해했으리라 믿는다. 만일 누군가 그들에게 거래 빈도를 줄이는 것만이 흑우 신세를 면하는 길이라는 것을 말해 주어도 그들은 멈추지 않을 것이다. 일상조차 포기할 정도로 눈이 뒤집힌 사람이 누구 말을 듣겠는가? 일상조차 포기하고 몰두하는 것을 보면 한편으로 득도의 경지에 다다른 건지도 모르겠다.

하지만 당신은 다르다. 당신은 충실히 삶을 영위하고 싶어 하고, 홀로된 시간을 즐기고 싶어 한다.

하지만 더 중요한 것은 당신이 여기에 일과 공부를 더해야 한다는 점이다. 오직 그럴 때에만 지속적인 성취를 유지하며, 흑우 신세를 면할 수 있다. 나는 이미 '시장 밖에서 돈을 버는 능력'의 중요성을 강조한 바 있다. 시장 밖에서 돈을 벌지 못한 채로는 지속성을 가질 수 없기 때문이다. 지금부터 내가 이야기하고자 하는 것은 '시장 밖에서 사고를 강화하는 방법'에 대한 것이다. 이것 없이는 흔들릴 수밖에 없다.

흑우들은 "올 인"이라는 말을 좋아한다. 그들이 모르는 것은 바로, 그 "올 인"이 그들을 흑우로 만드는 이유라는 사실이다. 그들은 그런 사실을 자각하지 못한 채 몇 년이고 흑우 신세를 면치 못한다. 그들은 그들이 가진 전 재산을 거래소에 올 인하고 있는데, 이는 투자자라면 절대로 해서는 안 되는 일이다.

성공적인 투자자들이 다음과 같은 덕목을 공유한다.

최소 몇 퍼센트 이상의 현금을 늘 가지고 있을 것. (퍼센트가 아니라면 최소한의 절대 금액이라도.)

그들이 이렇게 하는 이유는 시장이 얼마나 위험한 곳인지 잘 알고 있기 때문이다. 그들의 판단이 굉장히 정확하다 할지라도, 세상이 그런 판단에 늘 호의적으로 응수하지 않는다는 사실을 알고 있기 때문이다. 세상에는 늘 예측하지 못한 일들이 일어나곤 하니까 말이다. 예측하지 못한 일이 일어나면 어떻게 하겠는가? 현금이 없으면 당신이 할 수 있는 일은 아무것도 없다. 당신이 곤경에 처했을 때, 위험에 대비해 준비해둔 현금 말고는 당신을 구해 줄 것은 아무것도 없다.

성공적인 투자자들은 이런 기본적인 생각을 밑거름 삼아 결국에는 모두 같은 결정을 내린다.

돈이든, 시간이든, 삶이든, 절대 시장에 올 인하지 않는다.

왜? 리스크가 있기 때문이다!

이렇게 하는 이유는 리스크 때문만은 아니다. 더 중요한 것은, 성공적인 투자자들은 돈을 떠나 그들에게 가장 필요한 것은 결국 '성장'이라는 사실을 잘 알고 있기 때문이다. 모든 좋은 거래는 투자자의 개인적인 '성장'에서 나온다. 좀 더 정확히는 성장을 거부한 자들과 성장을 선택한 자들 간의 인식의 격차에서 나온다. 근본적으로 수익이란 인식 차의 낙수 효과라는 것이다.

성장은 어디로부터 오는가? 성장은 일과 공부에서 비롯된다.

나의 팔로워 가운데 어떤 이는 풀타임 투자자가 되겠다며 조언을 구한다. 나의 대답은 늘 같지만, 이를 제대로 설명하는 것은 쉽지 않다.

첫째, 투자나 거래는 결코 풀타임 잡으로 취급되어서는 안 된다. 왜냐하면 풀타임이 되는 순간 당신은 성장할 수 없기 때문이다. 당신은 삶과 일과 공부에 할애할 시간을 늘 남겨 두고 있어야 한다. 그렇지 않고서는 흑우 신세를 면할 수 없다.

둘째, 투자나 거래는 월급을 받는 직업이 될 수 없다. 당신이 월급을 받는 순간, 당신의 뇌는 엉뚱한 방향으로 가기 시작한다. 왜 '고독'이 투자자의 미덕이 되었겠는가? 또 다른 예를 들 수도 있다. 당신이 철저히 혼자일 때, 당신은 '보이는 성과'에 집착할 필요가 없다. 사람은 보는 눈이 있으면, 영향을 받게 마련이다. 스포츠에서 홈경기냐 출장 경기냐에 따라 팀원이 받는 심리적 압박과 성과가 달라지는 이유다. 시선이 영향을 미치는 것이다.

따라서 투자나 거래를 풀타임 잡으로 삼거나 월급을 받는 직업으로 생각하는 것은 매우 위험한 일이다. 사고의 회로를 바꿀 수야 있겠지만, 장기간에 걸친 믿음으로 굳어져 버린다면 이를 바꾸기는 쉽지 않다. 우리는 우리 뇌를 소중히 할 줄 알아야 한다.

오랜 기간 나는 여러 가지 일을 해왔다. 내가 거래 빈도를 낮게 유지할 수 있었던 것은, 한편으로는 이 때문이 아닌가 한다. 또 다른 한

편 더욱 중요한 것으로는, 내가 정체와 성장을 멈추는 것을 두려워한다는 점이다. 왜냐하면 성장을 멈추면 앞으로 계속해서 다가올 도전에 대해 효과적으로 대응할 수 없을 것이기 때문이다. 실패는 무서운 것이 아니다. 정말 무서운 것은, 실패에 닥쳤을 때, 그것을 제대로 직면할 수 없게 되는 것이다.

그러니 당신은 투자와 별도로 좋은 삶과 일상을 영위해야만 한다. 좋은 삶이란 거저 주어지는 것이 아니다. 적극적으로 개발하고 관리해야 하는 것이다. 일상에 더해 일도 빼놓을 수 없다. 꼭 투자에만 관련된 일일 필요는 없다. 그 일이 무엇이 되었건, 높은 성취를 이루고자 한다면 그 과정은 쉽지 않다. 하지만 그 일에 정진하면 정진할수록 당신은 그 분야에 있어 새로운 경지에 다다를 수 있을 것이다. 삶과 일을 챙겼다면 마지막으로 공부를 해야 한다. 현대인의 가장 큰 복 가운데 하나는 삶에 지치지 않고 공부할 수 있다는 점이다. 공부의 목적은 월급을 올리거나 사회적 위치를 높이기 위한 것이 아니다. 어디까지나 당신의 호기심을 충족하고 당신의 뇌를 계발하기 위한 것이다.

22장

마켓 사이클을 알고, 인지하고 관리하기

• • •

시장에서 실수를 하지 않는 사람은 없다. 시장에 들어서서는 처음에는 모두가 사고, 사고, 또 산다. 이런 실수가 자연스러운 이유가 무엇인지에 대해서는 그들이 상승장의 꼬리에서 들어서기 때문이라고 이미 이야기한 바 있다.

하지만 그보다 근본적인 이유가 있다. 당시 나를 포함하여 시장에 처음 진입하는 대개의 사람들의 머릿속에는 '마켓 사이클'이라는 개념이 자리 잡고 있지 않았기 때문이다. 만일 투자자들이 마켓 사이클이라는 개념을 잘 알고 이해하고 관리할 수 있었더라면, 애초에 거래를 제로섬 게임으로 보지는 않았을 것이다.

시장에 가득한 흑우들을 관찰하면 당신을 알 수 있을 것이다. 그들은 늘 트렌드에 대해 이야기하지만, 그들의 머릿속에는 이 마켓 사이클이라는 개념이 없다. 그들이 하는 이야기는 잘해 봤자 다음과 같은 것들이다.

"상승장이네요."
"하락장이네요."
"호황기네요."

물론 종종 쓸모가 있는 말일 수도 있지만, 대체로는 너무 피상적이어서 위험한 말이기까지 하다. 왜냐하면 상승장은 하락장과 짝을 이루어 한 사이클을 이루기 때문이다. 사실, 진정한 마켓 사이클은 최소 2회 이상의 여러 사이클이 지나서야만 분명해진다.

진정한 시장 사이클을 깊이 들여다보면, 시장의 오름과 내림은 사실 "경제에는 직선이 없고 출렁임이 있을 뿐"이라는 경제 현상의 보편적 진실이 드러났을 뿐임을 알 수 있다.

긴 파동대(Long Wave Band) 안에서 특정 시점에서 앞이나 뒤를 살펴보면, 당신이 마치 곡선이 아닌 직선 위에 놓여 있는 것처럼만 보인다. 평평한 땅 위에 서 있는 사람 관점에서는 사실 지구가 둥글다는 사실을 바로 인지할 수 없는 것과 마찬가지다.

상승과 하락이 한 사이클을 만든다. 두어 사이클이 지나가면 그 곡선이 마치 수학 시간에 배웠던 사인 곡선과 비슷하다는 점을 발견할 수 있다. 그리고 우리가 트렌드라 부르는 이 사인 곡선은 멀리서 보았을 때 직선이 된다. 하지만 우리가 늘 이야기하며 찾길 바라는 소위 이 트렌드는 위든 아래든 방향을 가져야 한다. 왜냐하면 '직선'이란 '변화가 없음'을 뜻하며, 변화가 없다면 트렌드도 없는 것이기 때문이다.

이는 일부 사람들이 믿는 트렌드라는 것이 다른 사람 눈에는 전혀 트렌드가 아닌 이유다. 그 다른 사람들 관점에서는 트렌드란 최소 두 사이클 이상이 지나야 아는 것이기 때문이다. 이는 '오를 때 사서 떨어질 때 파는' 사람들이 고통을 겪는 이유이기도 하다. 그들이 보는 트렌드는 환상일 뿐 진정한 트렌드가 아닌 것이다.

여기에는 재미있고도 중요한 통찰이 하나 있다.

모든 흑우는 그들이 가진 종목이 계속 오르기만 할 수는 없다고 뼛속까지 믿고 있다는 점이다.

그래서 그들은 빨리 사서 빨리 팔고 나온다. 장기 보유라는 말 따위는 생각조차 할 수 없다. 그들에게 있어 거래 빈도를 낮추는 것이 절대 불가능한 이유다. 자신들이 하는 일이 평생의 커리어라 말하며 기뻐할 때에도 그들은 그들이 보유한 종목이 장기적으로 계속해서 오를 수 있다는 사실을 믿지 못한다.

스스로 거래하는 종목이 계속해서 오를지 말지도 모른다면, 그 사람이 하고 있는 일이란 대체 무엇이란 말인가? 이상한 일이다.

원점으로 돌아와, 수회 이상의 반복된 사이클에 의해 드러난 진정한 마켓 사이클에 주의를 기울이면 당신은 보다 의지할 만한 관점을 확보할 수 있다.

당신의 머릿속에 '하락장 최저점에서 샀더라면, 그래서 상승장 꼭대기에서 팔았더라면' 하는 생각이 스치고 지나갔다면, 당신은 아직 어린아이나 다름없다.

솔직히 말해, 이론적으로 야심 있는 초보라면 누구나 최종적으로 갖추어야 할 덕목이다. 하지만 이 야심이라는 것이 이렇게 단기적이어서야 되겠는가? 당신이 생각하는 것이 여러 상승장과 하락장을 지내는 게 아니라 단지 상승장/하락장 한 사이클을 보내는 것에 지나지 않아서야 되겠는가? 워런 버핏도 말했다. "내가 좋아하는 사이클은 영원"이라고. 여기에서 워런 버핏이 말하는 사이클은 우리가 이야기하는 그 사이클과는 다르다. 그는 왜 영원을 이야기했을까? 어느 시점에 다다르면 당신이 벌 수 있는 돈은, 당신이 그만한 돈을 쓸 수 있는 능력을 한참 초과하게 되기 때문이다. 그렇다면 해당 종목을 1년이나 2년 또는 영원히 가지고 있는 것은 서로 어떻게 다를까?

어떻게 하면 사이클을 잘 관리할 수 있을까? 여러 가지 이론이 있지만, 내가 보기에 망칠 위험 없이 간단하게 의지하며 쓸 수 있는 방법이 딱 하나 있다. 시장에 있는 거래자들 대다수의 분위기를 세심하게 관찰하는 것이다. 상승장은 FOMO가 절정에 달하여 너나 할 것 없이 올 인을 외치기 시작할 때 상승장은 끝을 고하기 시작한다. 하락장은 저주와 욕설을 퍼붓던 흑우들이 점차 사라지며 조용해지기 시작할 때 그 끝을 고하기 시작한다.

당신의 이해의 깊이를 더해 줄 두 가지 유명한 차트가 있다. 하나는 "퀴블러-로스 변화 곡선"(Kubler-Ross Change Curve)이고, 다른 하나는 "전환 곡선"(Transition Curve)이다.

당신이 아직 시장에 들어가지 않았고 우연찮게 이 책을 접해 마지막 장까지 읽었다 치자. 그랬다면 이 책의 초입부터 말한 것처럼 거의 대부분의 사람이 저지르는 실수를 당신은 저지르지 않았을까?

내 짐작에 당신은 여전히 75퍼센트의 확률로 같은 실수를 저지를 것이다.

왜냐하면 당신이 시장 사이클에 판단 착오를 내릴 확률 50퍼센트가 있고, 필요한 자기 통제력을 갖추지 못했을 확률이 50퍼센트이기 때문이다. 따라서 당신이 시장에서 성공을 거둘 확률은 25퍼센트에 지나지 않는다.

세상에서 가장 어려운 일이 자기를 통제하는 일이다. 자신의 행동을 되돌아봄에 있어서 가장 뼈아픈 것은 '꼭 해야 하는 줄 알았으면서도 하지 않았던 일'들 때문인 경우가 많다. 간단하면 간단할수록 지키기 어렵기 때문이다. 당신이 스스로를 적절히 통제하지 못할 때에는, 왜 애초에 그런 상황이 발생했는지 이해하기란 더더욱 어렵다. 이는 나 역시 마찬가지다. 아무런 이유가 없는 것처럼 느껴진다. 이런 상황을 타개하기 위해 고안한 대책 역시 불분명하기는 매한가지다. 홀로 보내는 시간을 늘리고, 고통을 기억하고, 바보 같은 실수를 반복하지 않기 위해 스스로를 매질하는 것 정도밖에는. 그렇게 반성하며 계속 성장할 뿐이다.

결론

. . .

당신은 흑우가 아니다.

흑우였던 적도 없다.

흑우가 될 뻔했을 수는 있다.

시장에서 한 번쯤 털린 적이 있다 하더라도 말이다.

이 책을 처음 쓸 당시, 나는 사람들이 "흑우"라는 단어를 여러 상황에서 어떻게 다른 뜻으로 쓰는지를 살펴보았다. "흑우"라는 말에 대한 정의를 내리기 위해서였다.

소위 말하는 "흑우"란 제한된 자원을 가진 투자자로서 시장에서 돈 벌기에 실패하거나 돈을 잃는 사람이다.

내가 이 책을 쓰기 위해 들인 시간과 공이 없었더라면, 다음과 같은 좀 더 분명하고 정확한 정의를 내리지 못했을 것이다.

"흑우"란 근본적으로 제로섬 게임이 아닌 거래 시장에서 제로섬 게임을 하고 있다고 착각하고 있는 거래자들이다.

얼마나 많은 자본을 가지고 있는지와 상관없이 그들은 모두 흑우의 운명을 공유하는 흑우다. 말하자면 "흑우"라는 개념은 작은 개인 투자자에만 국한되는 말이 아니다. 흑우를 흑우로 만드는 것은 오직 그들이 가진 착각, 즉 제로섬 게임이 아닌 시장을 제로섬 게임이라 착각하는 것이다. 이 근본적인 착각 위에서 잘못된 생각과 결정을 차곡차곡 쌓아 올려가는 투자자들이 바로 흑우이다. 잘못된 판단 위에서 떳떳하게 잘못된 판단을 내리고, 떳떳하게 자기 합리화를 이어가며 희망 회로에 빠진다. 시장에서는 이 사이클이 반복될 뿐이다.

이글스의 〈호텔 캘리포니아〉 가사에는 이런 문구가 있다.
"우리는 우리가 만들어낸 도구의 감옥에 갇힌 죄수들일 뿐"
(We are all just prisoners, of our own device)

흑우의 운명도 이와 마찬가지다.

하지만 당신은 다르다. 흑우가 될 뻔하기는 했지만 말이다. 흑우가 되기 전에 이 책을 읽은 당신이 필자는 부럽다. (콜록, 콜록)

이제 투자는 제로섬 게임이 아니라는 점을 이해했으니 이제부터는 차곡차곡 자신만의 배움과 교훈을 쌓아 가야 할 때다. 처음엔 자신만의 좁은 생각을 잠시 옆으로 밀어두되, 한편으로는 계속해서 그 생각에 물을 주고 배양하여 단련해야 한다. 그렇게 당신은 성숙한 투자자가 되어 간다.

사이클을 관조하며, 언제 어떤 빈도로 거래해야 할지 알게 된다. 스스로의 결정과 행동에 책임을 질 수 있게 된다. 세상을 '흑과 백' 또는 '너는 악하고 나는 선하다'와 같은 이분법적으로만 보는 유치한 생각에 빠지지 않는다. 겉으로 드러난 현상 이면에 감추어진 진실을 발견해 낸다. 좀 더 정확하게 세상을 설명해줄 수 있는 패턴과 방법을 찾으려고 애쓴다. 감정과 행동을 통제한다. 이렇게 당신은 상황을 뒤집어 더 이상은 '자연스런 실수'에 굴복하지 않게 된다.

당신의 삶에 평화가 깃들기를.

1. 리샤오라이는 비트코인 '최대 갑부'였던 적이 없다

초창기의 비트코인 추종자들은 비트코인의 익명성에 큰 관심을 보였다. 그러나 나는 이런 관점에 동의하지 않았다. 미국의 달러, 프랑스의 프랑, 홍콩 달러, 마카오 달러, 중국의 위안화 중 익명이 아닌 화폐가 있는가? 지폐 위에 제 이름을 적으면 법적으로 처벌 받는 건 어느 나라에서나 마찬가지이지 않은가! 나는 비트코인 홀더들의 이런 묘한 음흉함을 참을 수 없었고, 2011년이 되어서 나는 내 블로그 웹 사이트 맨 위에 '비트코인 장기 바이어'라는 간판을 달아놓기까지 했다.

2013년, CCTV의 기자가 날 인터뷰하면서 내게 비트코인이 얼마나 있는지 물은 적이 있다. 굳이 숨길 의도는 없었지만 그렇다고 너무 솔직할 필요도 없지 싶어서 대충 이렇게 얼버무렸었다. "여섯 자리 숫자이고, 첫 자리는 1입니다…." 당시의 나는, 이 대답 때문에 내 이마에 "비트코인 최대 갑부"라는 '꼬리표'가 붙게 되리라고는 생각하지 못했다.

사실 나는 "비트코인 최대 갑부"였던 적이 단 한 번도 없다. 당시에도 나보다 비트코인을 많이 가진 중국인이 두 명 더 있다는 사실을 이미 알고 있었다. 2018년 시점에서도 나보다 더 많은 비트코인을 가진 사람은 두 명이 더 있었다. 다만 이 두 명이 2013년의 두 명과는 다른 사람이긴 했지만 말이다.

2015년과 2017년 사이, 나는 트레이딩 플랫폼 윤비(Yunbi)에서만 9,000개 이상의 비트코인을 잃었다. '검은 돈'이 플랫폼에 유입되는 것을 막아야 된다는 이유로 윤비의 계좌는 종종 동결되곤 했다. 대규모 예금 인출 사태가 발생하더라도 아무런 문제가 발생하지 않을 것이란 믿음을 개발 팀에 심어주기 위해, 나는 내가 가진 비트코인의 일부를 팔아 은행 계좌에 예치해야만 했다. 대기 시간에만 몇 달이 걸리기 일쑤였고, 복수의 계좌가 동시에 동결되는 경우도 있었다. 몇 달 후 자산 동결이 풀리고, 이 돈으로 다시 비트코인을 매입하려 했을 때는 이미 가격이 3배, 5배, 6배씩 상승해 있었다. 이 사실만 보아도 중국에서 비트코인을 가장 많이 갖고 있는 사람은 내가 아니란 것은 확실하다.

여섯 자리 숫자도 안 되는 비트코인이라 하더라도, 2015년 초 이 비트코인 하나당 가격이 4600위안에서 시작했다는 것은 꽤나 놀랍다. 당시 신동방(New Oriental)에서 강사 일을 하던 나는 '탁월한 강의력'을 이유로 신동방의 주식 2300개를 스톡옵션으로 받게 되었는데, 여기에 대해 내가 지불해야 하는 돈이 4600위안이었다. 신동방에 더 빨리 입사했으면 좋았을 텐데 하는 실망감이 있었다. 나보다 불과 한두 해 앞서 들어온 강사들은 이미 수만에서 수십만 개에 이르는 주식을 가지고 있었기 때문이었다. 하지만 나는 조급해하지 않고 스톡옵션을 사들였다. 그리고 2006년, 신동방이 뉴욕 증권 거래소(NYSE)에 상장되면서, 해외에 연줄이라곤 없었던 나 같은 촌놈에게도 얼떨결에 해외 계좌가 주어졌다.

신동방의 상장 이후, 내 동료들은 줄줄이 새 차와 새 집을 사기 시작했다. 하지만 나는 아무것도 사지 않았다. 왜냐고? 딱히 이유가 있어서라기보다는 실제로 내 수중에 들어온 돈이 그리 많지 않았기 때문이었다! 주식을 현금화한 후 세금 정산을 마치고 나니, 폭스바겐 제타 한 대 살 돈도 남아 있지 않았다. 당시 IPO 가격이 30위안을 살짝 웃도는 수준에 불과하기도 했지만, 상장과 동시에 신동방의 주식 4개가 하나로 합쳐지는 바람에, 내가 가지고 있던 주식이 2300개에서 575개로 줄어들었기 때문이다!

이후 나는 트레이드를 조금씩 해서 애플 주식으로 갈아타게 됐다. 단지 사용하던 컴퓨터를 맥으로 바꿨기 때문이었다. 2011년 초, 내가 가지고 있던 애플 주식의 가치는 약 100,000달러 정도였다.

2011년 4월 말 비트코인을 사들이기 시작했을 때, 나의 마음은 야망으로 부풀어 있었다. 10,000달러가 좀 넘는 돈을 써서, 개당 평균 6달러의 가격으로 비트코인 2100개를 사들였다. 일이 잘 풀린다면, 세계 비트코인의 1/10,000만 소유하는 것만으로도 엄청난 일이 아니겠느냐 하는 것이 당시의 내 생각이었다.

보다시피 나 역시도 시장에 들어가자마자 사고, 사고, 또 사는, 이른바 "흑우"에 속하는 사람이었다. 이후로는 어떻게 되었을까? 한 달 후, 비트코인의 가격은 32달러에서 시작해 이틀, 사흘 만에 반토막이 났다…. 초기 자본만 시장에 남겨 두고 "이윤만 챙겨가자"라는 생각에, 나는 24달러 선에서 갖고 있던 비트코인의 75퍼센트를 매도했다.

결과는 어떻게 됐을까? 비트코인은 '떡락'을 멈추지 않았고, 적시에 손을 털었다고 생각했던 나는 크게 안도했다. 그 후로 얼마 지나지 않아 나는 내 첫 비트코인 2100개와 영영 작별하였다.

서던 위클리(Southern Weekly)와의 인터뷰에서도 이 경험에 대해 털어놓은 적이 있지만, 이 이야기는 '참담한 실패'로 마무리되었다. 거래소에 남겨 두었던 나머지 25퍼센트는 어떻게 되었냐고? 혹시 마운트 곡스(Mt. Gox)라는 이름이 귀에 익지 않은가? 내가 마지막까지 가지고 있던 비트코인 500개는 바로 이 2011년 마운트 곡스 거래소 해킹 사건으로 모조리 사라지고 말았다!

그 일이 있은 후 며칠간 기분이 매우 울적했다. 잔가지로 엮은 광주리에 물을 퍼 담고 있던 꼴이 아니었나 싶었던 것이다.

그러다 불현듯 나는 이제까지의 내 투자 방식이 완전히 틀렸다는 것을 깨닫게 되었다! 상하이의 한 카페 안에서 친구 치엔껑과의 토론 끝에 "비트코인은 직접 매수하는 게 최고"이며, "금융의 세계에서 자본만큼 힘세고 똑똑한 존재는 없으므로, 제 힘과 지능을 과신해서는 안 된다"라는 결론을 내렸던 것이 불과 그 서너 달 전이었다. 어떻게 내가 이 결론을 잊고 있었을까? 나는 스스로에게 매우 화가 나, 내 주식 계좌를 텅텅 비우고 달러로 비트코인을 사들이기로 결정했다.

당시는 이미 비트코인이 기나긴 하락장에 들어선 8월, 9월쯤이었다. 나는 긴 시간에 걸쳐 지속적으로 비트코인을 매수했고, 가격이 반짝 올라갈 때 일부를 매도했다가 다시 내려가면 이를 다시 사들였다. 그 시기의 거래소는 지금처럼 발전해 있지 않았던 터라 이용에 제한이 많았다. 그래서 나는 온라인 커뮤니티를 통해 만난 채굴자들에 주로 의지했다. 2012년 5월과 6월, 반복적인 매수와 매도에 몸도 마음도 지치고, 가지고 있던 현금도 거의 바닥나기에 이르렀다. 계산해 보니 그때까지 내가 투자한 총 금액은 160,000달러 정도였다(다행스럽게도 당시 애플의 주가가 지속적으로 빠르게 오르고 있었다). 그러는 사이 강도를 만나 50,000달러를 빼앗겼던 일도 있었지만, 결과적으로 내가 가지고 있던 비트코인 108,000개에 대한 내 평균 비용은 1달러를 조금 넘기는 수준이었다. 사실 나는 비트코인을 2달러 이하의 가격에 산 적이 한 번도 없다. 이 정도면 실로 나쁘지 않은 거래 실적인데, 이것이 가능할 수 있었던 건 하락장에서 흔들리지 않고 자리를 지키는 것이 나로서는 상대적으로 쉬웠기 때문이었다.

거래에서 손을 완전히 떼기 위해, 나는 내 개인 컴퓨터의 호스트 파일을 수정해 비트코인과 관련한 모든 웹 주소를 '0.0.0.0'으로 바꿨고, 내 Gmail 계정에 필터를 설정해 당시 받아 보던 비트코인 관련 메일이 모두 아카이브 폴더로 가도록 만들었다. (우지한이 나중에 알려 준 사실이지만, 그가 Fried Cat을 시작할 거란 내용의 메일을 내게 보냈던 것, 그리고 내가 여기에 답장을 하지 않았던 것도 이 사이의 일이었다. 읽은 적이 없는 메일에 내가 어떻게 답을 할 수 있었겠는가? Fried Cat의 창립 주주가 될 뻔한 기회를 나는 이렇게 놓치고 말았다!)

2013년 1월, 친구로부터 비트코인 가격이 10달러 선을 회복했다는 이야기를 들었다. 잠시 고민을 하다가, 결국 푼돈에 불과하다는 생각이 들어 다시 관심을 끄기로 했었다. 비트코인의 가격이 '전고점'인 32달러를 회복한 2013년 2월 28일, 나는 어떤 글 하나를 읽고서는 '정신이 번쩍 들었다'.

한 "흑우"의 일기였는데, 그 내용은 대충 다음과 같았다.

비트코인의 가격이 전고점을 회복해서, 나는 수중에 있던 비트코인을 모두 팔아 버렸다!

'마침내 탈출에 성공한 자'의 순진한 미소가 눈에 선해, 나는 웃음이 터지는 걸 막을 수 없었다. 실제로 나는 마시고 있던 코카콜라를 컴퓨터 화면에 뿜어 버리고 말았다! 난 절대 저러지 말아야겠다고 생각하며, 섣불리 움직이지 않으리라 다시

금 다짐했다. 그 결과는? 30일도 채 안 되어 비트코인의 가격은 100달러까지 치솟아 올랐다!

이렇게 나는 '자산의 가격이 100배로 뛰어오를 때까지 홀딩'하는 경험을 처음으로 해 보게 되었다. 어떻게 투자 공부를 할 것인지, 누구에게 조언을 받을 것인지, 어떻게 투자를 연습하고 실천할 것인지, 그리고 투자를 위해 어떤 사고 습관을 길러야 할 것인지를 진지하게 고려하기 시작했던 것도 그때부터였다. 그 결과는? 2013년 말부터 2016년 초까지, 비트코인을 포함한 모든 영역에서 내 투자는 거의 대부분 실패하고 말았다! 지금 생각해 보면 실패하는 것이 당연했다! 나에게는 경험도, 연줄도 없었고, 올바른 사고방식도 갖춰지지 않았었다. 이런 내가 실패하지 않았다면 과연 누가 실패했겠는가!

2016년이 되어서야, '조금씩 나아지고 있다'는 느낌이 들기 시작했다. 게다가 나는 더 이상 혼자도 아니었다. 내 인생에서 가장 중요한 인물 중 하나이자, 이후 널리 명성을 가지게 될 라오마오와 알게 된 것이다. 그와 어떻게 알게 되었냐고? 윤비의 온라인 고객 미팅 중 우연찮게 라오마오를 만나게 된 치우리앙 덕분이었다. 라오마오가 아니었으면 나는 이더리움에 대해서는 까맣게 모르고 살았을지도 모른다! 그를 통해 나는 논리가 가지는 한계에 대해, 동일한 추론 과정으로도 정반대의 결론이 나올 수 있다는 사실에 대해 이해할 수 있게 되었다! 이 통찰에 대해서는 졸저『시간과 친구되기』를 통해 자세히 설명한 바 있거니와, 어쨌든 라오마오를 통해 나는 이 사실을 다시금 뼈저리게 경험할 수 있었고, 이후로도 나와 라오마오는 다양한 프로젝트에서 함께 투자를 진행했다. 물론 라오마오 외에도, 나는 평생을 함께 일할 수 있는 여러 훌륭한 파트너들과 가까워졌다. 내가 타고난 복이 있다면 그건 인복일 것이다.

2017년, 앞으로 나 한 몸 건사하기 위해 돈을 버는 일은 없을 것이라고 나는 내 파트너들 앞에서 선언했다. 나 혼자 쓸 수 있는 돈은 어차피 많지 않고, 내가 쓰지 않는 돈이란 결국 남의 돈이란 사실을 알고 있었기 때문이다.

내가 개인적으로 가지고 있는 비트코인의 수량을 더 이상 늘리기 힘들어졌다는 사실도 이런 선언을 한 배경 중 하나이다. 그 이후로 비트코인의 가격이 또 다시 20배 이상 뛰었기 때문이다. 괜히 장난질을 칠수록 손에 떨어지는 양은 적다는 것, 이것은 비트코인의 불문율이라 할 수 있다. 그렇다면 내가 가진 비트코인으로 무엇을 할 계획이냐고? 2013년에 베이징의 게라지 카페(Garage Cafe)에서 여기에 대해 강의를 한 적이 있다.

비트코인 홀딩의 장점 중 하나는 "유서 쓸 때 골머리 썩일 일이 없다"라는 것이다. 내가 죽으면 나의 프라이빗 키는 영구적으로 파괴되며, 내가 가지고 있던 비트코인의 수량만큼 '유통량' 역시 감소하게 된다. 곧, 내가 가지고 있던 모든 비트코인의 가치가 비트코인을 홀딩하고 있는 모든 사람에게 '균등하게 배분'된다는 뜻이다. 그들이 누구든, 그들이 무얼 잘하고 무얼 못하든 상관없이 말이다. 이런 것이 바로 '위대한 사랑' 아니겠는가?

지난 몇 년간 당뇨가 점점 심해지고 있다. 처음 병을 발견된 2009년 당시, 내 췌장은 이미 제 기능을 못하고 있던 상태였다. 어차피 남들보다 오래 살지도 못하리란 게 뻔한데, "최대 갑부"라는 꼬리표가 내게 무슨 소용이 있겠는가? 애초에 내 의지로 달고 다니던 꼬리표도 아니었는데 말이다. 많은 사람이 나를 오해하고 있다. 특히 내가 정말로 관심을 가지고 있는 것, 하고 싶은 것이 무엇인지에 관해서 말이다.

2. 인블록체인(INBlockchain)의 오픈 소스 블록체인 투자 원칙

초기 투자는 결코 쉽지 않다. 주변에서 어떤 소문을 들었든, 투자 입문자에게 초기 투자는 적합하지 않다. 하지만 훈련 자체가 불가능한 것은 아니다. 지금부터 소개할 "인블록체인의 오픈 소스 블록체인 투자 원칙"은 유용한 투자 훈련 지침과 참고점으로 활용될 수 있을 것이다.

그러나 나에겐 지금 당장 적용할 수 있는 아주 단순한 원칙 하나를 먼저 독자들에게 상기시켜야 할 의무가 있다.

- 하락장에서는 원하는 만큼 사고, 사고, 또 사도 된다!
- 하지만 어느 정도 시간이 지난 후 찾아올 상승장에서는 절대로, 절대로 조심해야 한다.

1) 블록체인이란?

블록체인이란, 개방적이고 불가역적인 데이터베이스 역할

을 하는 탈중앙화 네트워크에 의해 유지되는 공개 원장 시스템을 말한다.

2) 비트코인이란?

"비트코인"이란 단어는 다양한 측면에서 이해될 수 있다. 많은 사람이 비트코인에 대해 느끼는 혼란도, 비트코인 관련 토론이 벌어질 때마다 의견 합의가 좀처럼 이루어지지 않는 것도 바로 이 때문이다.

우선, 비트코인은 세계 최초의 블록체인 애플리케이션인 동시에, 가장 성공한 블록체인 애플리케이션이다.

또한, 비트코인은 특정 권력 기구가 아니라 탈중앙화 네트워크에 의해 운영되는 세계은행이다.

탈중앙화 세계은행 비트코인은, 동일한 이름의 화폐 비트코인을 발행했다. 깐깐한 사람들은 비트코인이 발행하는 이 화폐를 비트코인이 아니라 BTC라고 부른다.

비트코인 탄생으로부터 7년이란 시간이 지나고서도(2017년) BTC가 탈중앙화 세계은행 비트코인의 주식으로 여겨질 수 있다는 사실을 알고 있는 사람은 얼마 없다.

3) 알트코인(Altcoin)이란?

비트코인의 탄생 이래, 수천 가지 다른 형태의 암호화폐가 발행되었다. 이들 중 대부분이 시장에서 종적을 감추긴 했지만, 아직까지 살아남아 심지어 번창하고 있는 암호화폐 역시 존재한다. 라이트코인(Litecoin)이나 도지코인(Dogecoin)이 이러한 알트코인들 중 가장 유명한 사례로 꼽을 수 있다.

처음에는 많은 사람이 이러한 암호화폐들을 실질적인 가치가 전무한 '모조품'으로 치부했다. 하지만 시간이 지나고, 가치가 없는 것으로만 여겨지던 모조품들이 끈질기게 살아남아 번창하는 모습을 보면서 사람들은 비로소 '알트코인'이라는 개념을 사용하기 시작했다. 어쩌면 세계는 하나 이상의 세계은행이 필요했던 것일지도 모른다. 뭐… 아무렴 어떤가.

아무튼 이와 관련한 내 생각은 다음과 같다.

시장에서 사람들은 두 가지 종류의 가치를 사들인다. 하나는 실질적 가치고, 하나는 피상적 가치이다. 부정할 수 없는 사실은, 피상적 가치를 보고 자산을 사들이는 사람들에게 피상적 가치와 실질적 가치는 완전히 똑같아 보인다는 것이다.

4) MBA코인이란?

MBA코인은 유의미한 블록체인 애플리케이션(MBA;Meaningful Blockchain Application)에 의해 발행된 코인을 의미한다. 여기에서 유의미하다는 말은 해당 애플리케이션이 비트코인이 미처 해결하지 못한 문제를 해결하고 있음을 뜻한다.

솔직히 말해, 나는 비트코인이 해결하지 못한 문제 중 어느 하나 제대로 해결하고 있는 알트코인은 없다고 생각한다. 그리고 내가 (믿는 것이 아니라) 바라는 것은, 결국 하나의 세계은행만으로도 충분한 세상이다.

지금의 세상은 하나 이상의 블록체인 애플리케이션을 필요로 하고 있다. 탈중앙화 도메인 서비스를 제공하고자 하는 네

임코인(Namecoin)이 아마 MBA코인으로 분류될 수 있을 것이다. 블록체인 기술을 기반으로 스마트 컨트랙트를 포함한 새로운 기능을 제공하는 이더리움 역시 성공한 MBA코인 중 하나이다.

2017년 6월 기준, 이미 많은 MBA가 6개월 이상 운영되며 좋은 성적을 거두고 있었다. 예컨대, 시아(Sia)는 드롭박스(Dropbox)와 같은 저장소 서비스를 탈중앙화하여 제공하고 있다. 스팀(Steem) 역시 젊은 MBA로서 블록체인 위에 설계된 공개 원장 상에서 콘텐츠를 만들고, 검색하고, 배포하는 서비스를 제공하고 있다.

5) 무엇이 트렌드인가?

지난 몇 년간, 비트코인은 압도적인 시가 총액으로 블록체인 세계를 지배해 왔다. 하지만 2017년 4월 기준, 다른 블록체인 자산과 함께 비트코인의 가격도 끊임없이 상승했음에도 불구하고, 블록체인 전체 시가 총액 대비 비트코인의 점유율은 52퍼센트로 줄어들었다.

이는 블록체인 산업이, 나무 하나만 우뚝 자라고 있는 한 떼기 땅에서 시작해 하나의 커다란 숲으로 변모해 가고 있음을 보여주는 중요한 신호이다. 만약 이것이 사실이라면, 다음과 같은 예상이 가능할 것이다.

앞으로 비트코인의 시가 총액 점유율은 서서히 5퍼센트 수준으로 줄어들 것이다.

6) 우리가 해 온 일

나는 비트코인을 대량으로 홀딩하고 있다. BTC를 세계은행의 주식으로 여기고 있는 나로서는, BTC를 웬만하면 팔지 않는 것이 당연하다.

2014년 이전, 우리는 BItshares, yunbi.com에 투자한 바 있고, 나는 개인적으로 비트코인 은행 bitcoinsand.com를 수년간 운영했다. 2015년 마지막 분기부터, 나와 우리 팀은 엄격한 원칙을 바탕으로 Sia, Steem, Zcash, QTUM, EOS를 비롯한 수많은 MBA에 본격적으로 투자를 시작했다. 때로는 스타트업의 주식과 이들이 발행하는 블록체인 자산 모두에 투자하기도 했으며, 지금도 우리는 전 세계의 ICO에 적극적으로 참여하고 있다.

7) 나의 투자 원칙을 오픈 소스로 공개하는 이유

투자는 매우 위험한 행위이다. 투자에서 요구되는 덕목을 타고난 사람은 그 어디에도 없다.

모든 진정한 혁신에는 수많은 모조품과 사기가 뒤따른다. 그 혁신이 그 내적 금융 기능 혁신과 함께 일어난 것일 때는 특히 더 그렇다.

블록체인 스타트업들과 이들의 자산에 투자하는 일이 위험하다는 것은, 대부분의 사람들이 해당 애플리케이션이 창출하는 가치에 대한 전체적인 이해 없이 그저 누군가 엄청난 이득을 보았다는 뜬소문에 이끌려 투자를 결정하기 때문이다.

우리가 투자 원칙을 공개하는 것은 다름 아닌 우리 스스로를 보호하기 위해서이다. 사기꾼이 줄어들수록 우리가 안전

할 수 있다는, 우리의 이 이기적인 동기가 이타적인 결과로 이어지길 바란다.

8) 원칙들

질문을 제대로 던지는 것이 원칙을 단순히 기술하는 것보다 훨씬 효과적일 수 있다. 올바른 질문에 대해 확실한 대답을 얻기 위해 노력하다 보면 원칙을 자연스럽게 따르게 된다. 다음의 질문들은 우리가 블록체인 스타트업이나 블록체인 자산에 대한 투자 결정을 내리기에 앞서 우리 자신에게 끊임없이 되묻는 질문들이다.

- 세계가 이를 정말로 필요로 하는가?
- 이것만이 해결할 수 있는 문제가 무엇인가?
- 해당 분야는 탈중앙화가 정말로 필요한가?
- 해당 분야는 공개 원장이 정말로 필요한가?
- 공개 원장이 정말로 해당 분야의 기존 비즈니스 모델의 효율을 끌어올릴 수 있는가?
- 해당 조직이 어느 정도 수준으로 DAC(Decentralized Auto

nomous Corporation;탈중앙 자율조직)화 되어 있는가?

- 투자하기로 결정한다면, 우리가 가진 자본 중 정확히 몇 퍼센트를 투자해야 하는가?

여기까지다. 단순한 질문일수록 정확하고 구체적인 답을 얻기 위해서 치밀한 사고가 필요한 법이다.